부자의 인문학

돈의 흐름을 읽고 경제의 정곡을 찌르는

부자의 인문학

MAKE MONEY BY LIBERAL ARTS

가야 게이치 **지음** | 한세희 **옮김**

SOCIOLOGY   ECONOMICS   MATHEMATICS   INFORMATION ENGINEERING   PHILOSOPHY   HISTORY

부자들은 왜 열심히 '인문학'을 익히는 걸까?
사물의 본질을 꿰뚫는 힘은 '인문학'으로부터 나온다!

**부유층 연구 1인자가 발견한
상위 1% 부자들을 만든 '인문학의 힘'**

문예춘추사

들어가며

부자가 되려면 왜 인문학이 필요할까?

'부자가 되고 싶다면 반드시 인문학을 공부하라'

이 말은 내가 전하고 싶은 이 책의 주제다. 인문학을 바라보는 시각은 사람마다 매우 다양해서, 개중에는 배워봤자 아무 도움이 되지 않는다는 사람도 있고, 반대로 배우면 완벽한 지성인이 될 수 있다고 생각하는 사람도 있다. 또한 세계 여러 나라의 고위층과 이야기가 통하려면 사전 지식으로 인문학 정도는 갖춰야 한다는 사람도 있다. 이렇게 다양한 시각들이 있지만, 이 책은 어느 쪽에도 해당하지 않는다.

우리 중 살면서 경제활동을 하지 않는 사람은 없을 것이다. 그래서 이 세상에 존재하는 모든 분야에는 직접적이든 간접적이든 돈 문제가 항상 따라다닌다. 인문학도 이러한 돈의 영향력을 크게 벗어나지 않는다. 달리 말하면, 돈을 버는 일에 인문학이 꼭 필요하다고 할 수 있다. 왜냐하면 역사적으로 봐도 '인문학'이 돈과 상관없이 그 자체로 존재했던 적은 한 번도 없었기 때문이다.

교양 있게 행동해야 돈이 들어온다

학교 사회 수업 시간에 '스쿨(school)'의 어원을 고대 그리스어인 스콜라(schola, 여유라는 뜻)라고 배운 사람이 많을 것이다. 이는 말 그대로 고대 그리스 시대의 지적 활동은 노예를 자유로이 사용하는 특권계급 사람들이 보내는 여유롭고 한가한 시간의 산물이었다는 것을 뜻한다.

이후 중세에서 근대로 시대가 바뀌면서 지식 자체에 시장가치가 생기자 돈 걱정 없이 지적 활동을 즐기는 사람의 모습은 점차 사라졌다. 예를 들어 철학자인 니체(1844~1900)는 책은 많이 썼으나 정작 책이 팔리지 않아 궁핍한 생활을 보냈다고 한다. 그는 말년에 정신병으로 고생했고 그를 대신해 여동생인 엘리자베스가 생활비를 벌기 위해 출판사와 만나는 등 여러 방면으로 노력했다.

반면, 철학자인 흄(1771~1776)은 사람들이 이해하기 쉬운 대중적인 내용의 책을 집필하여 큰 인기를 얻고 성공하여 니체와는 다른 삶을 살았다. 그리고 본문에 등장하는 사르트르(1905~1980)는 베스트셀러를 연달아 발표하며 셀 수 없을 정도의 많은 돈을 벌었지만, 안타깝게도 주변인들에게 돈을 빼앗기고 궁핍한 생활을 보내다 생을 마감했다.

이렇게 아주 옛날부터 돈과 인문학은 서로 떼려야 뗄 수 없는 깊은 관계에 있었다. 요컨대 돈이 되는 인문학은 요즘에 생겨난 말이 아니다. 현대 사회에서는 인간의 활동 중 돈을 버는 행위가 점점 중요해져 인문학과 돈은 훨씬 돈독한 사이로 발전했다.

지적 활동과 경제활동 사이가 가까워지자 돈을 다루는 인문학도 늘어났다. 대표적으로 금융공학이 있으며 IT(정보기술)와 관련된 인문학은 비즈니스 모델로도 활용 중이다.

본문에서는 인문학의 뜻을 '**진리를 깨우치는 데 필요한 종합적인 지식과 생각이 인격과 행동으로 나타나는 것**'이라고 정의했다.

여기에서 '종합적인 지식과 생각'이 '인격이나 행동으로 나타나는 것'이라는 부분이 중요하다. 이는 다시 말하면, 지식이 조금 있다고 해서 그것을 교양 있는 것으로 여기지 않는다는 뜻이다. 그보다는 폭넓은 지식과 나의 언행이 유기적으로 연결되었을 때 비로소 인문학을 익혔다고 말할 수 있다.

따라서 이 책에서 누가 몇 년에 어떤 개념을 만들었고, 몇 년에 누가 무엇을 했다는 단순한 사실을 암기하는 일은 중요하지 않다. 물론 개념이나 사실을 암기하는 일은 중요하지만, 암기는 지적 활동에 도움이 되는 수단이지 목적이 아니라는 점을 잊어서는 안 된다. 단순 암기만 하면 그 상황에 만족해서 깊이 있게 생각해보는 기회를 잃게 되고, 학문적으로 학술 가치만 추구하면 모처럼 배운 지식을 경제활동에 응용할 수 없다.

일본의 대학교수는 삭감된 예산 하에 연구비를 짜내는 일에 매달리느라 바쁘지만, 미국 교수는 사기업에 적극적으로 연구 성과를 보여주고 특허를 따내 거액의 돈을 번다는 이야기를 종종 들어봤을 것이다. 요컨대 인문학에는 '돈을 버는 인문학'과 '돈을 쓰는 인문학'이 있다는 뜻이다. 이는 단순히 지식적인 인문학이 중요한 것이 아니라, 나름의 생각으로 '행동'하는 것이 중요하다는 말이다. 우리가 돈을 벌 때 어떤 행동을 하는지 떠올려보면 훨씬 이해가 쉬울 것이다.

돈을 버는 감각은 공부로 익힐 수 있다

앞서 인간의 활동 중에서도 돈을 버는 일이 매우 중요하다고 언급했는데, 사실 이 활동에는 우리가 모르는 다양한 측면이 숨어 있다. 예를 들어 '고객의 구매욕을 올리려면 어떻게 해야 할까?'라는 심리적인 측면과 '돈을 버는 구조는 어떻게 만드는 걸까?'라는 창조적인 측면, '돈을 버는 행위는 옳은가? 옳지 않은가?'라는 윤리적인 측면, 그리고 '새로운 테크놀로지를 어떻게 응용할 수 있을까?'라는 기술혁신적인 측면 등 다양한 시각들이 있다.

우리는 흔히 영업 능력이 좋고 돈을 잘 버는 사람을 눈치가 빠르다거나 감각이 있다고 칭찬한다. 그런데 눈치가 있고 감각이 있다는 말은 구체적으로 어떤 행동을 말하는 것일까? 바로 상대방을 이해하는 능력과 개별적이고 단편적인 정보에서 전체적인 그림을 볼 줄 아는 상상력, 그리고 숨어 있는 법칙을 판별할 줄 아는 분석력 등을 융합한 행동일 것이다. 여기에 개별적인 능력뿐만 아니라 본인이 어떻게 행동해야 옳은지 같은 나름의 '신념'이 더해지면 위에서 언급한 행동들이 빛을 발하는 것이다.

나는 처음에 저널리스트로서 일을 시작했고, 이후 투자펀드에서 투자업무를 했던 경험도 있어서 직업상 성공한 사람들을 수없이 만날 기회가 있었다. 예를 들어 인텔의 창업자 중 한 사람인 고든 무어(Gordon Moore)는 학술 분야 출신으로 반도체 발전 이론인 '무어의 법칙(Moore's Law)'을 제창한 지식 있는 사람이다. 무어와 유형은 다르지만 세계적인 컴퓨터 메이커인 델(Dell)을 창업한 마이클 델(Michael Saul Dell) 역시 상당한 식견의 소유자다.

세계적으로 성공한 사람 외에도 일본 지방 기업의 소유주나 자산을 많이 소유한 개인투자가, 중소기업 실적이 궤도에 오른 실업가 등을 만났는데, 이렇게 경제적·사회적으로 성공한 사람들에게는 우리가 모르는 어떤 공통점이 있다. 즉 그들은 모두 사물의 본질을 꿰뚫어 진리를 파악하는 데 탁월하고, 그 능력을 활용해 남들보다 빠르게 움직인다는 공통점이 있었다.

간혹 경제적으로나 사회적으로 성공한 사람 중에는 전문적인 지식은 별로 없어도 남들이 즐거워할 만한 것을 발견한다거나, 새로운 기술을 비즈니스에 활용하는 방법 등 본질적인 부분을 정확하게 이해하고 현실적으로 업무에 응용하는 능력이 뛰어난 사람도 있다. 이들은 IT 창업가이지만 그 분야의 전문가는 아니다. 그런데도 업계에서 성공할 수 있었던 이유는 IT의 본질을 정확히 알고 있었기 때문이다.

영업 능력이 뛰어난 사람은 단순히 분위기를 잘 읽어서 계약을 딴 것이 아니다. 그보다는 상품을 파는 행위 자체의 의미를 잘 파악하고, 몸에 익은 인문학 지식을 잘 활용해서 실제 행동으로 옮겼기 때문에 영업실적이 좋은 것이다. 그래서 단순 지식만 있는 사람은 이러한 유형의 사람을 절대 뛰어넘을 수 없다.

인문학은 부유층이 자식에게 가르치는 '무기'

타고난 능력은 사람마다 천차만별이지만, 간혹 처음부터 이런 쪽으로 눈치가 빠른 사람들이 있다. 어찌 보면 일종의 천재인 셈이다. 그런데 이 책에서 이야기하는 인문학은 천재가 아니어도 후천적으로 익힐 수 있는 것이다. 이 기회에 잘 배워두면 앞으로도 잘 사용할 수 있으며, 한번 익히면 나중에 성공했을 때 쌓은 부와 영향력을 유지하는 무기로도 활용할 수 있다. 그리고 더 나아가 지적인 즐거움도 맛볼 수 있다.

이렇게 인문학은 성공한 사람에게는 일종의 '즐거움'이자 '특권'이기도 하다. 내 경우를 말하자면 나는 투자펀드를 그만두고 회사를 세워 그럭저럭 사치만 하지 않는다면 평생 일하지 않아도 지낼 만한 자산을 모았다. 그런데 막상 사업을 시작해보니, 비즈니스나 투자 쪽으로는 영 소질이 없다는 사실을 깨달았다. 그런데도 웬만큼 성공할 수 있었던 비결은 먼저 성공한 사람들에게 돈을 버는 데 필요한 '인문학'을 제대로 배운 덕분이었다.

올해 유행할 제품이나 품목 등 당장 눈앞의 정보는 세상에 나오는 순간, 모든 사람이 순식간에 모방할 수 있다. 따라서 내가 가진 정보량이 상대방보다 월등하지 않으면 좋은 결과를 얻기 힘들다(이것을 금융이론으로 이야기하면 재정 격차라고 한다). 게다가 유행은 시시각각 변하므로 영구적으로 활용할 수 없다는 단점이 있다.

경제적·사회적으로 성공하려면 이렇게 눈앞의 정보가 아니라 사회나 경제를 움직이는 원리나 법칙을 이해하는 것이 훨씬 중요하다. 이러한 식견이 있으면 눈앞에 나타난 기회를 잡아 확실하게 돈으로 바꿀 수 있을 것이다. 그러는 사이 특별한 재능이 없어도 어느 정도의 돈과 지위를 얻어 오랫동안 부를 유지할 수 있다. 이 때문에 부자들은 본인의 자식들이 이러한 인문학을 익히기 쉬운 환경을 만드는 데 아낌없이 투자한다. 다양한 통계에 따르면 부유한 집안은 점점 더 부유해져 그들과 서민의 격차는 점점 벌어지는 추세라고 한다. 그래서 부자일수록 인문학을 배우려고 노력하는 것이다.

앞서 인문학은 배워봤자 아무 도움이 되지 않는다는 사람이 많다고 했는데, 이러한 사람이 많으면 많을수록 인문학의 중요성을 아는 사람에게는 오히려 기회가 많아지는 셈이다. 인문학을 소홀히 하는 사람이 인터넷으로 검색하면 나오는 눈앞의 정보에만 매달릴 때, **진짜 지식이 무엇인지 배움으로써 성공 확률을 높여** 남들보다 먼저 성공한 사람이 되는 것이다. 이 책은 바로 이렇듯 성공한 사람이 되는 방법을 알려주는 설명서다.

본문은 총 여섯 개의 장으로 구성되어 있다.

제1장은 **사회학**에 관한 지식을 정리했다. 우리는 누구나 혼자서 살 수 없는 존재이므로 사회라는 틀 안에서 비즈니스와 투자를 실행해야 한다. 따라서 우리 사회가 어떤 구조로 되어 있는지 아는 것은 성공을 위한 최소한의 조건이다.

제2장은 **경제학**에 관한 지식을 정리했다. 특히 비즈니스와 투자를 실행할 때 경제학적인 관점이 어떻게 도움이 되는지 아베노믹스를 예시로 힌트를 제공했다.

제3장은 **수학**에 관한 지식을 정리했다. 우리는 흔히 수학이라는 말만 들으면 무조건 어렵다며 꺼리는 경향이 있는데, 이는 매우 안타까운 일이다. 우리에게 필요한 건 수학이 아니라 수학적 감각이기 때문이다. 따라서 이 감각을 잘 익히면 남들보다 훨씬 유리할 것이다.

제4장은 **정보공학**에 관한 지식을 정리했다. IT에 관한 감각은 수학적 감각과 마찬가지로 오늘날의 비즈니스에서 꼭 필요한 능력이지만 따로 프로그래밍을 배울 필요까지는 없다. 그보다는 IT적인 감각을 몸에 익히는 것이 훨씬 중요하다.

제5장은 **철학**에 관한 지식을 정리했다. 부(富)는 사람 사이에

오고간 의사소통의 산물인 만큼 사람을 잘 알아야 원만한 의사소통이 가능하다. 철학이야말로 의사소통에 필요한 힌트를 주는 인문학이다.

마지막 장에서는 **역사학**에 관한 지식을 정리했다. 역사는 인간이 만드는 것이므로 다양한 사람의 행동을 집대성한 것과 마찬가지다. 그런 의미에서 역사를 배우면 남들보다 빨리 지름길로 갈 수 있다. 성공한 사람들 대부분이 역사에 관한 풍부한 지식이 있는 것도 바로 이 때문이다.

여러분이 이 책의 내용을 꼼꼼하게 읽는다면 당장 눈앞에 있는 투자처나 유행상품의 정보보다 '인문학'이 중요함을 확실히 느낄 것이다. 나만의 지식으로 무장해서 그것을 비즈니스와 투자에 적절히 응용하는 것이 성공하는 방법이라는 것을 깨닫게 될 것이다.

차례

제3장
돈에 관한 사고 판단력 배우기
★ MATHEMATICS 수학 ★

제6장
부(富)의 흐름과 미래 통찰하기
✴ HISTORY 역사학 ✴

"세상에는 돈을 쉽게 버는 커뮤니티와 돈을 못 버는 커뮤니티가 있다.
경제적으로 성공한 사람들은 모두 입을 모아
'성공한 사람과 사귀어라', '쓸데없는 인연은 버려라' 하고 충고한다.
커뮤니티에는 경제적으로 성공하기 쉬운 타입이 있으며
이 그룹에 속해야 성공하기 쉽다는 말이다."

제1장

밑천 없이
자산가
되는 법

SOCIOLOGY

사회학

SOCIOLOGY

ECONOMICS

MATHEMATICS

INFORMATION
ENGINEERING

PHILOSOPHY

HISTORY

SOCIOLOGY

누가 부자가 될까?

프로테스탄티즘 윤리와 자본주의 정신

사람은 혼자서 돈을 벌 수 없다. 우리가 하는 경제활동은 사람 사이에 오고간 의사소통의 집합체이기 때문에 남들보다 빠르게 좋은 자리를 선점하려면 사회 구조를 잘 알아야 한다. 따라서 구체적인 성공 방법이 담긴 설명서를 활용하기 전에 먼저 사회 구조를 제대로 파악해야 한다. **사회학적 지식은 자산을 모으는 방법을 알려주기 때문이다.**

자산을 잘 불리는 사람일수록 학술적 지식은 물론 사회에 관한 어떤 '기본적인 가치관'을 가지고 있는데, 이는 여러 난관을 극복하는 데 큰 도움이 된다.

우리는 흔히 돈에 관한 사회학적 지식이라 하면 **막스 베버**(Max Weber, 1864~1920)의 주장을 떠올리기 쉽다. 이에 이번 장에서는 먼저 막스의 주장을 한번 살펴보도록 하자.

자본주의의 근본적 모순에 숨은 비즈니스 기회

막스의 저서 중 가장 유명한《프로테스탄티즘 윤리와 자본주의 정신》은 대학 강의에서 활용하는 책이라 익숙한 사람도 꽤 있을 것이다. 제목이 길어서 일본에서는 줄여 '프로론(プロ論)'이라고 부르기도 한다.

막스 베버는 프로이센 시절 독일에서 활약한 사회학자로 자본주의 성립을 연구하여 훌륭한 성과를 올렸으며, 특히 자본주의의 발달 조건에 관한 연구로 유명하다. 간혹 자본주의를 배금주의(mammonism, 황금만능주의 또는 물질만능주의라고도 함)와 착각하기도 하는데, 이는 돈을 버는 일에만 몰두한 사회일수록 자본주의가 발달하기 쉽다는 이미지가 있기 때문이다. 하지만 베버는 현실은 이와 정반대라고 주장했다.

그는 금전욕이나 세속적 욕구에 관용적인 지역(가톨릭권 등)에서는 자본주의가 발달하지 않고, 대신 프로테스탄트(Protestant, 16세기 종교개혁 이래 로마 가톨릭교회에서 분파한 각종 기독교회에 귀속한 사람들)의 영향과 금욕적인 풍조가 강한 지역(네덜란드나 미국)일수록 자본주의가 훨씬 쉽게 발달한다고 보았다. 요컨대 자본주의가 발달하려면 '자본주의 정신'이라는 정신적 조건이 충족되어야 하며, 이는 금욕적인 사회일수록 발현되기 쉽다는 의미다.

베버는 이외에도 자본주의 발달에 커다란 영향을 끼친 개념으로 다음 두 가지를 언급했다. 그중 하나는 종교개혁의 발단인 마틴 루터(Martin Luther)의 '천직(天職)'이라는 개념이고, 나머지 하나는 종교개혁에서 중요한 역할을 한 장 칼뱅(John Calvin)의 '예정설(predestination)'이라는 사상이다.

그는 과격한 프로테스탄트일수록 자신의 직업은 신이 주신 사명이라고 생각하고 돈 자체에는 욕심 없이 일만 열심히 해서 사업에 성공하여 부자가 된다고 했다. 특히 금욕적일수록 **번 돈을 허투루 쓰지 않고 일에만 매진하여 더욱더 부유해진다고 설명했다.** 이어서 칼뱅은 종교개혁의 중심인물이었지만 일반 시민에게도 금욕적인 생활을 강요하거나 반대파를 잡아들여 화형을 하는 등, 꽤 비관용적이고 과격한 인물이었다. 베버는 이러한 극단적인 금욕주의가 오히려 자본주의의 발달을 도왔다고 강력히 주장했다(오늘날에는 이 주장과 다른 의견도 있다).

미국의 엘리트는 금욕적인 일 중독자

그런데 네덜란드와 미국이 금욕적인 나라라니, 여기에 고개를 갸웃하는 사람도 있을 듯하다.

일본인이 생각하는 미국은 퇴폐적이고 낙천적인 성격의 사람들이 사는 곳이라는 이미지가 강하지만, 오늘날의 미국은 인종의 전시장인 만큼 다양한 타입의 사람들이 살고 있다. 그런 만큼 금욕적인 이미지가 없는 것도 어찌 보면 당연하다.

하지만 미국은 세계에서도 보기 힘든 금주법(禁酒法, 1919년에 미국에서 수정 헌법 제18조가 통과되면서 전국적으로 시행된 주류 단속법)이라는 법률을 통과시킨 나라다. 현재도 알코올을 마약 이상으로 다소 엄격하게 보는 사회다. 이러한 경향은 엘리트층일수록 뚜렷해서 아마 미국은 일본인은 상상도 못할 만큼 일 중독자들의 천국일 것이다. 미국인과 일해본 사람이라면 잘 알겠지만, 그들은 아무렇지도 않게 아침 6시나 7시에 미팅을 잡는다. 이는 일본인이라면 상상할 수 없는 일이다.

이런 모습은 미국 국내선 일등석을 타보면 흔히 볼 수 있는데, 그들은 라운지에서 기내로 들어와서도, 심지어 비행기가 이륙 상태가 되어도 객실 승무원이 주의를 주기 바로 직전까지 스마트폰으로 부하 직원에게 끊임없이 지시를 내린다. 오히려 기내에서 맥주 한 잔을 즐기며 출장길에 오르는 일본인 사업가를 흔히 볼 수 있는데 이는 미국에서는 거의 없는 모습이다. 이것만 보아도 미국인들의 금욕 정신이 어느 정도인지 짐작할 수 있다.

사명감 있는 사람일수록 상당한 자산가가 된다

앞서 이야기한 미국인 일화에서도 알 수 있듯 베버의 주장은 사회 전체뿐 아니라 개인의 행동에도 어느 정도 적용해봄직하다. 즉 평범하게 부유한 부자가 되는 것은 단순히 금전 욕구만 있어도 가능하지만, 훨씬 많은 돈을 벌고 싶다면 오히려 금욕적으로 행동해야 유리하다고 할 수 있다.

실제로 일본 내의 거액 자산가 중에는 본인은 물론 타인에게도 본인만큼의 금욕적 잣대를 적용하는 사람들이 많다. 이들은 모두 금전 욕구 외에 남다른 사명감을 지닌 경우라 하겠다.

'구로네코야마토'로 유명한 야마토 운수의 고(故) 오구라 마사오 회장은 강인한 신념으로 사업을 확대하여 자산가가 된 대표적인 인물이다. 그가 아버지에게 야마토 운수를 물려받을 때만 해도 회사는 아직 작은 운수회사였다. 그 당시 운수업계는 기업 위주의 거액 운송 서비스가 중심이었고, 아직 가정용 택배 사업을 하겠다는 생각은 아무도 하지 않던 시기였다. 그는 이를 기회로 보고 택배 사업을 결심했지만, 회사 내에서는 이 사업을 반대하는 부정적인 목소리가 있었다.

하지만 그는 사내의 반발 의견을 잠재우고 택배 사업을 밀어붙였는데, 이때 그의 추진 원동력은 성공하여 큰돈을 벌겠다는 금전욕이 아니라 사명감이었을 것이다. 물론 사업가로서 택배 사업을 성공시켜 막대한 이윤을 얻겠다는 계산도 있었겠지만, 그보다는 택배 서비스를 받지 못해 곤란한 사람들을 먼저 생각했고, 이들은 물론 직원들의 니즈를 충족하면 반대했던 사람들도 이해해줄 거라는 신념이 작동한 것이다.

이후 그는 우편 사업까지 진출했고 이때 정부와 심하게 대립했지만, 본인의 신념을 굽히지 않았다. 이는 비즈니스 마인드보다 강한 사명감 덕분에 성공한 사람의 일화다.

이 밖에도 소프트뱅크(Softbank)의 손정의(일본 이름 손 마사요시)나 유니클로의 야나이 타다시, 그리고 일본전산의 나가모리 시게노부 등의 자산가가 있는데, 이들은 모두 회사 내의 비판 여론에도 굴하지 않는 나름의 큰 신념을 지닌 사람들이다.

LEARNING

가톨릭과 프로테스탄트

가톨릭은 로마제국이 동서로 분열한 후, 서로마 제국을 중심으로 발전한 세계 최대의 가톨릭교회다. 그리고 가톨릭의 구태의연한 체제에 반발하여 16세기 종교개혁을 계기로 가톨릭에서 분리된 것이 프로테스탄트다.

자산가가 친구를 골라 사귀는 이유

게마인샤프트와 게젤샤프트

앞서 언급한 막스 베버는 독일인이다. 독일은 사회학이 매우 발달한 나라이므로, 그래서인지 독일어는 사회학의 키워드로 자주 등장한다. 여기에서는 **게마인샤프트**(Gemeinschaft)와 **게젤샤프트**(Gesellschaft)라는 키워드를 예로 들어볼 텐데, 이 키워드는 자산가를 목표로 한다면 알고 있어야 하는 매우 중요한 개념이다.

돈을 버는 커뮤니티와 못 버는 커뮤니티

세상에는 돈을 쉽게 버는 커뮤니티와 돈을 못 버는 커뮤니티가 있다. 경제적으로 성공한 사람들은 모두 입을 모아 '성공한 사람과 사귀어라', '쓸데없는 인연은 버려라' 하고 충고한다. 이 말의 속뜻은 커뮤니티에는 경제적으로 성공하기 쉬운 타입이 있으며 이 그룹에 속해야 성공하기 쉽다는 말이다.

이 말은 언뜻 알 듯하지만, 왜 그래야 하는지 그 이유를 물어보면 의외로 깔끔하게 대답하는 사람이 없다. 이에 확실한 대답을 알기 위해서는 먼저 게마인샤프트와 게젤샤프트라는 사회학적 개념을 알아야 한다. 이 개념은 독일 사회학자 **페르디난트 퇴니에스**(Ferdinand Tonnies, 1855~1936)가 주장한 것으로, 그는 사람이 어떤 형태로 사회를 구성하는지 집단을 분류해 설명했다.

먼저 게마인샤프트는 일반적인 공동체 조직으로 지연이나 혈연과 같은 인간관계에 의해 자연적으로 맺어지는 집단을 말한다. 일본의 농촌 형태의 폐쇄적 집단이 전형적인 게마인샤프트라고 볼 수 있다. 한편 게젤샤프트는 이와 정반대로 어떤 목적으로 합리적이며 인위적으로 만들어진 조직을 말하는데 주식회사 등의 영리기업이 여기에 속한다.

게마인샤프트는 자연발생적이어서 조직의 의사결정도 다소 합리적이지 않지만, 구성원의 감정이나 인간관계를 우선시한다는 특징이 있다. 이 때문에 간혹 구성원들의 불만을 줄이기

게젤샤프트 (합리적 조직)		게마인샤프트 (공동체 조직)
어떤 목적으로 계약을 맺어 성립	성립요인	지연이나 혈연, 인간관계로 성립
주식회사 등의 영리기업	조직·집단	농촌 형태의 폐쇄적 집단·가족 경영 기업
명확한 역할 분담, 개인보다는 전체의 이익을 중시한 합리성을 추구	의사결정	구성원의 감정과 인간관계를 중시한 의사결정을 추구
계약·규정에 따른 공평한 능력주의	규율	합의 중시, 상하 관계 또는 불평등
대규모 사업에 유리하며 구성원도 쉽게 돈을 벌 수 있음	경제면	정보가 적은 중세 시대에 만들어진 것이어서 경제적으로 불리

조직 · 집단 분류

위해 조정이 필요하며, 때로는 조직 전체로는 불이익이라는 것을 알면서도, 모든 구성원의 이해를 구하고 의사결정을 하기도 한다. 이러한 게마인샤프트적인 의사결정은 일본 사회의 '와노세이신(和の精神, 일본의 정신이라는 뜻)'에서 찾아볼 수 있다.

한편 게젤샤프트의 의사결정 방식은 완전히 다르다. 이 집단은 계약관계나 합리성을 중시하는 경향이 있어 명확하게 구성원의 역할을 분담하고 그 역할에 맞는 적절한 대가를 제공한다. 그리고 조직 내부에 확실한 규칙이 존재하기 때문에 만약 불만의 목소리가 나와도 전체의 이익이 크다고 판단되면 전체를 우선시하는 모습을 보인다.

합리주의 조직이라고 반드시 행복하지는 않다

게마인샤프트와 게젤샤프트는 각각 장단점이 있다. 먼저 게마인샤프트는 사람의 감정이 중요하므로 따뜻한 인간관계를 유지하기 쉽고 깊은 인간관계를 맺고 있어 소외감을 느낄 일이 없다. 흔히 지역의 농촌 사회나 친척과의 인간관계를 생각해보면 이해하기 쉬운데, 이 조직의 구성원은 약간의 불평불만이 있어도 관계성을 잘 유지하는 경향을 보인다.

하지만 이러한 깊은 인간관계는 때로는 폭력적인 지배를 유발할 때도 있다. 이들은 합의를 중시하지만, 가치관의 다양성은 인정하지 않기 때문이다. 이에 간혹 마을 내에서 집단 따돌림이 발생하기도 하고, 때로는 힘에 의한 상하 관계가 만들어지기 쉬워 평등한 사회가 유지되기 어렵다는 단점이 있다.

한편 게젤샤프트에서는 이러한 문제를 찾아볼 수 없다. 조직 내에서 구성원의 권리나 의무는 사전에 계약 형태로 보장되는데 이를 어기면 아무리 지위가 높아도 페널티를 부여한다. 또한 직책은 그저 관리직이라는 역할이 규정된 것일 뿐, 원래부터 훌륭한 사람은 없다고 생각하므로 사장은 그저 '사장'이라는 역할과 권한이 있는 자로 직원에게 지시를 내리는 사람일 뿐이다. 즉 게젤샤프트에는 본인이 능력만 있으면 계약에 따라 그 능력을 최대한 발휘할 수 있다는 장점이 있다.

그런데 이렇게 냉정하고 합리적인 조직의 구성원이라 해서 반드시 행복하지는 않을 것이다. 왜냐하면 비록 부당한 차별이나 탄압은 없지만, 그저 본인의 역할을 성실하게 수행하고 있을 뿐, 타인과 정서적인 교류는 없으므로 어쩌면 내심 행복하지 않다고 생각할지 모른다. 간혹 구성원 중에는 '나는 무엇을 위해 일하고 있는가?'라고 자문하거나, 타인과 밀접한 인간관계를 맺고 싶어 하는 사람도 있을 것이다. 바로 이 점이 고도로 합리적인 조직이라 해서 정신적인 만족감이 높다고 장담할 수 없는 이유다.

일반적으로 기업사회를 합리주의를 토대로 한 게젤샤프트라고 말하지만, 사실 꼭 들어맞는 이야기는 아니다. 특히 일본 내 회사 분위기는 때로는 유사 가족 같기도 하고, 때로는 유사 농촌 공동체 같기도 하기 때문이다. 선후배 관계(연차) 또한 절대적이어서 간혹 대가도 없는 노동(이른바 잔업, 회식 등)을 제공해야 할 때도 있다. 심지어 근성이라는 정신론을 강조하고 '직원은 가족이다'라고 공언하며 통제하는 경향이 있다. 이렇게 일본의 회사들은 이익조직이면서 게마인샤프트적인 조직 형태가 많다.

요컨대 하나의 일본 사회 안에 게마인샤프트적인 조직과 게젤샤프트적인 조직이 혼재하고 있는 셈이다. 그런데 이렇게 두 사회가 혼재하면 경제적으로 큰 문제가 생길 가능성이 있다.

중세사회와 근대사회는 천지 차이

만약 우리가 사는 세상이 테크놀로지도 발달하지 않고 이동수단이나 통신수단에 제한이 있다면 모든 집단은 게마인샤프트의 모습을 하고 있을 것이다. 왜냐하면 이동과 정보 전달에 제한이 생기면 사람은 원래 본인이 속한 지역의 생활을 받아들이는 경향이 있기 때문이다.

이러한 생활은 세계사적으로 '중세'적인 사회에 해당한다.

우리가 학교에서 배우는 역사 수업은 기본적으로 암기 위주라 역사적인 의미를 생각할 기회가 없었다. 그래서 대부분은 이 문제를 의식하지 못하고 그냥 지나쳐버리며 세계사적으로 '중세'와 '근대(Modern)' 사이에 커다란 벽이 존재한다는 사실을 쉽게 간과한다. 그 커다란 벽을 보자. 가장 큰 특징은 중세와 근대는 사회 모습과 시스템이 완전히 다르다는 것이다. 특히 민주주의나 자본주의, 국민국가, 주권, 인권과 같은 현대 사회의 기본적인 사상이나 개념, 가치관은 대부분 근대화로 인해 탄생한 것들이다.

한편 중세에서 근대로 변화하게 된 계기는 정신적인 부분도 큰 비중을 차지하지만, 기술혁신(innovation)의 역할도 무시할 수 없다. 기술혁신으로 우리의 생활 스타일이 바뀌고 정신적인 부분에도 많은 변화가 있었기 때문이다(정신이 먼저인지 물질이 먼저

인지에 관한 논쟁은 철학에서 가장 중요한 주제 중 하나이지만 이는 나중에 해설하겠다).

요약하자면 기술혁신으로 우리에게는 선택지가 생겼고, 이에 합리주의를 추구하게 된 것이다. 이런 의미에서 게마인샤프트와 게젤샤프트 중에서 후자가 대규모 사업에 유리한 것은 아주 당연하다. 실제로 세계적인 기업은 대개 게젤샤프트 형태의 조직으로 구성되어 있으며 성별이나 인종, 나이 등에 구애받지 않고 개개의 능력에 따른 처우와 보수를 제공하고 있다. 이런 조직은 당연히 경영 판단도 합리적이어서 조직 내에 부(富)가 쌓이기 쉽고 그에 따른 구성원의 보수도 커지는 시스템으로 되어 있다.

중세사회처럼 모든 세상이 게마인샤프트로 구성되어 있거나 반대로 모든 사람이 게젤샤프트에 소속되어 있는 사회라면(유럽이 이러한 형태에 가깝다) 오히려 크게 문제될 것은 없을 것이다. 그러나 한 국가 안에 두 가지 유형의 사회가 혼재하면, 부의 편재가 발생할 가능성이 있어서 위험하다.

게마인샤프트는 집단의 이익보다 구성원의 감정을 우선시하지만, 게젤샤프트는 냉정하고 합리적인 의사결정으로 비즈니스를 진행하므로 부는 대개 이쪽에 편중될 것이다. 이런 의미에서, 성공한 사람일수록 '성공한 사람과 사귀어라', '쓸데없는 인

연은 버려라'라고 충고하는 이유는 바로 게젤샤프트에 속해야
부를 얻을 수 있다고 생각하기 때문이다.

자산가는 달리 선택지가 없다는 것을 알고 있다

이때 중요한 것은 테크놀로지가 발달한 현대 사회일수록 게
젤샤프트 사회로 바뀌는 것을 막을 수 없다는 사실이다. 전형
적인 게마인샤프트 사회였던 에도시대(江戶時代, 1603~1868년)의
일본 인구는 3,000만 명 이하로 현재의 4분의 1 정도밖에 되지
않았고 평균 수명도 45세 정도였다. 한 가구당 부양 인원에도
한계가 있어서 대부분의 농가에서는 둘째 아들을 가게의 일손
으로 보냈다. 이러한 허드렛일을 하는 사람들은 좁은 집에서 집
단생활을 했기 때문에 인플루엔자 등의 전염병이 한 차례 휩쓸
고 가면 가족이 전부 죽는 일도 흔했다. 즉 에도시대는 지금과
비교하면 끔찍할 정도로 가난하고 비위생적인 사회였다. 그래
서 사람들은 합리적이고 냉정한 사회에 약간의 불만이 있어도
건강한 신체로 오래 살 수 있는 현재 생활을 선호하는 것이다.
이렇게 사회는 전체적으로 게젤샤프트 쪽으로 바뀌고 있다.

이러한 사회 분위기 속에서 게마인샤프트적인 분위기가 남
은 조직은 존립 자체가 애매해져 상대적으로 확실히 불리한 상
황이 되었다. 따라서 우리는 사회가 게젤샤프트 쪽으로 변하는

것을 당연한 흐름으로 인식하고 게젤샤프트가 가진 결점을 극복하기 위해 노력해야 한다. 이 노력의 성공 여하에 따라 경제적으로 풍족한 사회가 될 것인지 아닐지가 정해질 것이다.

현대 자본주의 사회에서 성공하려면 게젤샤프트에 기반을 두고 필요에 따라 게마인샤프트적인 시스템을 발동할 줄 아는 유연성이 필요하다. 이러한 의미에서 경제적으로나 사회적으로 성공한 사람은 이미 무의식적으로 이를 잘 활용하고 있는 셈이다.

> ### LEARNING

근대 국가

중세 봉건국가가 붕괴한 이후 성립된 영토·주권·국민이 명확한 국가를 말한다. 중세시대는 국왕과 지역 영주, 그리고 영주와 가신이 각각 주종 관계를 맺는 형태가 일반적이었으며 통일된 영토나 국민이라는 개념은 존재하지 않았다.

지배 메커니즘을 알아야 성공한다

지배의 정당성

한편 앞서 설명한 게마인샤프트와 게젤샤프트가 훨씬 나쁜 형태로 혼재할 수 있는데, 그 대표적인 예가 바로 최근 자주 문제시되는 블랙 기업이다. 블랙 기업까지는 아니어도 회사 규율에 고통받는 직장인은 꽤 많은 편이다. 이 상황에서 하루라도 빨리 벗어나지 않으면 경제적으로 부유해지는 것은 불가능하다. 따라서 이 문제를 해결하려면 사람과 조직이 타인을 지배하는 이유, 즉 지배 메커니즘을 파악하는 것이 매우 중요하다.

블랙 기업은 회사를 그만두고 싶어 하는 직원을 협박하거나 실제로 폭력을 행사하는데, 이때 폭력만 쓰는 것이 아니다. 여기에는 훨씬 교묘한 장치가 숨어 있으며 그들은 폭력은 물론 이 장치를 사용하여 집요하게 직원을 통제한다.

지배에는 어떤 '시스템'이 있다

베버는 사람과 조직이 사람들을 지배하는 구조를 연구했는데 그는 안정적인 지배를 실현하기 위해서는 ① **전통적 지배,** ② **카리스마 지배,** ③ **합법적 지배** 등, 어떤 형태가 필요하다고 주장했다. 즉 이 중에서 하나만 충족해도 사람은 아주 간단히 스스로 조직에 복종한다는 것이다.

첫째로 전통적 지배는 옛날부터 존재하는 질서나 관습, 지배자의 권위 등으로 실현되는 형태를 말하는데, 이 형태는 지금도 일본 사회 곳곳에서 쉽게 찾아볼 수 있다. 예를 들어 일본에서는 회사 사장이라 하면 조직의 의사결정과 제어 명령을 내리는 사람이라는 이미지보다 지위나 신분이 높은 사람이라는 이미지가 우선한다. 왜냐하면 일본 사회는 업무적으로 성과를 내는 것보다 상하 지시를 착실하게 잘 따르고 상사에게 머리를 숙이고 복종하는 태도가 중요하다는 분위기가 있기 때문이다.

게다가 도대체 어디에 도움이 되는지 아무도 확실하게 설명하지 못하면서 원래 하던 업무 방법을 절대적으로 따르는 경우도 흔하다. 예를 들어 일본 기업은 IT를 도입해도 새로운 시스템을 기존 업무 방법에 억지로 맞추려 해서 합리적이지 않은 경우가 많다. 그러나 이러한 풍조는 질서 유지에는 도움이 되므로 이를 전통적 지배라고 보아도 상관없다.

이어서 카리스마 지배와 합법적 지배는 전혀 다른 양상을 보인다. 먼저 카리스마 지배는 사람들에게 압도적인 지지를 받는 능력자가 독재적으로 지배하는 형태를 말하는데, 이른바 카리스마 경영자라는 사람이 경영하는 기업은 정도 차이는 있지만 카리스마 지배를 받는 셈이다. 이 경영자의 결정은 절대적이며 그의 판단이 옳으면 조직은 훌륭한 성과를 내지만, 간혹 경영자가 올바른 판단을 하지 못하면 그 조직은 해체될 수도 있다.

이어서 합법적 지배는 이름 그대로 법이나 규칙 같은 합리적 정당성을 토대로 모든 사람이 따르는 조직 형태라는 특징이 있다. 세계적인 기업일수록 대개 이러한 합법적 지배 형태인 곳이 많다고 한다. 하지만 인간은 감정이 있으므로 모든 것을 합리적으로 판단할 수 없다. 그래서 때로는 전통적 지배에 스스로 복종하기도 하고, 때로는 카리스마적 인물에 끌려 그의 이야기를 전부 듣고 따르기도 하는 것이다.

'지배'받지 않는 사람이 성공한다

그런데 경제적으로 성공하고 싶다면 되도록 이러한 지배에서 자유로워야 한다. 일반적으로 **합법적인 지배만 받는 사람일수록 경제적으로 성공하기 쉽다**는 것만 봐도 그러하다.

최근에는 인터넷상으로 비즈니스 라인이 구축되어 있어서 부업을 하는 직장인이 늘어나는 추세라고 한다. 이때 규모가 어느 정도 있는 일을 하려면 자금이 꽤 필요하므로 수입원을 여러 개 보유하고 있어야 하지만, 현재 본인이 근무하는 회사와의 관계를 걱정하여 부업을 망설이는 사람도 많을 것이다. 그런데 그 망설이는 이유가 중요하다.

예를 들어 똑같이 부업 활동에 제한은 있어도 명확하게 노동 계약상 부업이 금지인 경우와 단순히 회사 입장을 신경 쓰느라 부업을 하지 못하는 경우가 있다고 해보자. 이 두 상황은 전혀 다르다. 회사에 따라서는 취업 시, 규칙상 부업이 확실하게 금지인 곳도 있지만, 이 부분을 애매하게 규정하고 있는 곳도 꽤 있을 것이다. 이때 명확하게 노동 계약상 금지여서 부업을 하지 못하는 경우라면 당신은 합법적인 지배를 수용하는 것이 된다. 반면 노동 계약상 분명하지 않지만 마음이 무거워 부업을 할 수 없는 경우는 합법적인 지배가 아니라 전통적인 지배를 받아들이는 셈이다.

한편 합법적 지배만 받는 사람은 노동 계약상 부업을 해도 괜찮은지 회사 측에 확인할 것이다. 회사에 따라서는(특히 전통적인 지배를 하는 회사의 경우) 표면적으로는 금지가 아니지만 실제로 부업을 제한하는 곳도 꽤 있기 때문이다. 신중한 사람이라면 이 부분을 미리 확인하고 정보를 꼼꼼하게 수집할 것이다.

반면 마음이 무거워 행동으로 옮기지 못하는 사람은 비즈니스 기술보다도 본인 마음의 문제라고 볼 수 있다. 만약 진심으로 자산가가 되고 싶다면 이 부분부터 바꿔야 한다.

사업가는 카리스마 지배를 이용한다

미래를 볼 줄 아는 사람은 지배의 정당성을 역으로 이용해서 본인이 리더일 때를 미리 그려보기도 한다.

부자 주변에는 항상 사람들이 모이는데 그중에는 콩고물이라도 없나 싶어 접근한 사람도 있지만, 모든 사람이 그런 의도를 가지고 접근하지는 않았을 것이다. 그보다는 부자만의 독특한 분위기에 매력을 느낀 사람도 있을 것이다. 그들은 신기하게도 사람을 끄는 카리스마가 있기 때문이다.

간혹 사업가 중에는 자신만의 카리스마가 무엇인지 잘 알고 있어서 의도적으로 이러한 분위기를 연출하는 사람도 있다. 일부러 눈에 띄는 브랜드 시계를 차고 있는 것도 일종의 연출인 셈이다(이 메커니즘도 나중에 설명하겠다).

　이러한 카리스마 연출은 당연히 기업 경영에도 활용할 수 있는데, 특히 기업이 어느 정도 규모가 커지기 전에는 창업자의 카리스마를 따르는 것이 효율 좋은 방법이다. 즉 급성장하는 벤처 기업은 대개 카리스마 지배를 받고 있다고 볼 수 있다. 이들 중에는 원래 카리스마가 있는 사람도 있고 일부러 연출하는 사업가들도 많은데, 이는 조직을 쉽게 다루는 방법이기 때문이다. 따라서 카리스마도 하나의 기술이라고 볼 수 있다.

돈을 벌고 싶다면 대중사회를 완벽히 이해해라

오르테가 이 가세트의 《대중의 반역》

돈을 버는 행위에는 두 종류가 있는데, 하나는 사회에 도움이 될 만한 것을 제공하고 많은 사람에게 대가를 받는 것이며, 다른 하나는 타인의 부를 본인의 것으로 만드는 것이다. 사회에 도움이 될 만한 것을 제공하면 웬만큼은 벌 수 있지만, 남들보다 훨씬 많은 돈을 벌기 위해서는 경쟁에서 살아남아야 한다. 이런 의미에서 비즈니스를 서로 뺏고 뺏는 경쟁이라 하는 것이다. 이처럼 돈을 버는 사회는 두 가지 측면을 다 갖고 있다.

한편 타인이 가지고 있는 돈을 본인 것으로 만드는 방법 중

최고는 불특정 다수에게 조금씩 돈을 걷는 비즈니스를 개발하는 것이다. 예를 들어 구글(Google)은 클릭 1회당 몇 만 원 정도 하는 인터넷 광고를 하는데, 바로 이 방법이 타인에게 적은 돈을 받아 수조 원 수익을 내는 시스템의 대표적인 예라고 볼 수 있다.

이러한 사업으로 성공한 사람은 대중을 다루는 방법을 많이 알고 있다. 경제적으로 성공하려면 본인이 대중이 되는 것도 중요하지만, 먼저 그들을 잘 이해하고 있어야 한다.

돈을 버는 일은 '대중'과의 전쟁

스페인 철학자 **오르테가 이 가세트**(Ortega y Gasset, 1883~1955)는 대중이 무엇을 생각하고 어떻게 행동하는지 비판적으로 분석한 사람으로 유명하다. 성공한 사업가들이 모두 오르테가의 말을 알고 있지는 않겠지만, 그들은 이 말의 요지를 자연스럽게 체득하고 있을 것이다. 그의 저서 중 가장 유명한 《대중의 반역(La rebelión de las masas)》에 등장하는 대중이라는 단어는 사실 정의가 모호하지만, 우리는 일상에서 단어의 자세한 의미를 생각하지 않고 사용하고 있다. 그러나 이 세상에서 일어나는 현상을 적확하게 이해하려면 이 단어의 뜻을 꼼꼼하게 따져보아야 한다.

오르테가는 **대중을 '욕구만이 있는 존재로 본인의 권리만을 따지며 의무를 지고 있다고 생각하지 않는 사람'**이라고 정리했다. 우리는 흔히 대중이라는 키워드에서 순수하게 소득이 높은 사람과 낮은 사람, 사회적 지위가 높은 사람과 낮은 사람이라는 어떤 기준을 떠올리지만, 그가 정의한 대중은 이러한 단순한 이미지와는 다른 뜻을 담고 있다.

이는 그가 책에서 신랄하게 비판하는 대상이 누구인지 생각해보면 짐작할 수 있다. 그는 소위 일반 대중적인 사람도 비판했지만, 이들보다는 근대화로 대두된 전문가층 사람을 훨씬 비판적으로 보았다. 요즘 식으로 '전문가 바보'라고 보면 이해가 쉬울 것이다. 특히 오르테가는 이들이 수준 높은 교육을 받았지만 '특정 분야에만 능통할 뿐이면서 본인이 엄청난 지식인인 줄 믿고 있는 야만인'이라는 점을 강하게 비판했다. 최근 학력과 출신에 상관없이 이러한 대중적인 인물이 증가하는 추세라는 점에서 사회가 점점 이러한 대중의 논리를 중심으로 움직이고 있다는 것을 알 수 있다.

인문학과 학력은 무관하다

비슷한 관점으로 일본의 저널리스트인 **오오야 소이치** (1900~1970)가 만든 **'일억총백치화**(一億総白痴化, 일억 명의 일본인

을 바보로 만든다는 뜻)'라는 말이 있다. 이는 철학자인 니체(Frie-
drich Wilhelm Nietzsche, 1844~1900)가 제창한 '축군(畜群)'이라는 개
념과 비슷한 것으로, 오늘날 관점으로는 적절한 표현이 아니지
만 대중매체(특히 텔레비전) 보급으로 깊게 사유하지 않는 사람
이 늘어나는 현상을 우려한 말이다. 실제로 대중매체는 다양한
계층의 사람에게 영향을 끼쳤다.

　얼마 전 어떤 유명인이 '유능한 경영자는 모두 네아카(ネアカ,
네가아카루이(根が明るい)의 줄임말로 천성이 밝은 것, 또는 그 모양이
나 사람을 말함)다'라는 말을 했다. 이 말은 60대부터 70대 사이에
서 흔히 사용하는 경향이 있으며 상장 기업의 최고 경영자 등,
이른바 사회 엘리트층에서도 쉽게 들을 수 있는 말이다. 비슷한
말로 '중국 4,000년 역사'라는 말이 있다. 중국이 역사적으로 오
래된 나라라는 것을 보여주는 관용어지만, 사실 이 말은 모두
대중매체가 만든 평범한 유행어에 불과하다.

　먼저 네아카라는 말은 성격이 밝다는 의미로 1980년대 유
명 탤런트 다모리가 젊은 층에 퍼뜨린 속어(슬랭)다. 또한 중국
4,000년 역사라는 말은 어떤 인스턴트 식품의 텔레비전 광고에
서 사용된 광고 문구였다. 이 말을 역사적으로 따져보면 먼저,
중국 최초의 왕조인 '은(殷)'은 기원전 1,000년대이고, 전설의
왕조라고 불리는 하(夏)는 기원전 2,000년이다. 이로 미루어볼

때 하 왕조가 실존했다는 설이 있더라도 중국 역사를 4,000년이라고 쉽게 단정할 수는 없다.

속어를 사용하는 건 중요한 문제가 아니다. 나 또한 사생활에서 속어를 많이 쓰는 편이다. 그것보다 문제는 엘리트 본인이 속어를 사용한다는 사실 자체를 모른다는 점이다. 유명 경영인이라는 사람이 속어를 자주 쓰면서 본인이 지적으로 엘리트이고 올바른 일본어를 사용한다고 착각하는 점이 문제다. 비슷한 맥락으로 경영자 중에는 최근 젊은 층의 문란한 언어 사용과 지적 탐구심 저하를 비판하는 사람도 있다. 그런데 안타깝지만, 이 경영자야말로 바로 그 대중이라 할 수 있겠다. 이렇게 사소한 무지가 계속 축적되면 결국 원래 의미와 전혀 다른 인식이나 생각이 고착되기 쉽다. 오르테가와 오오야는 바로 이러한 상황을 내다본 것이다.

인터넷 보급으로 가속화된 대중화

대중화는 텔레비전을 포함하여 인터넷이라는 매체가 등장하며 더욱 거세졌다. 이러한 인터넷 대중사회 현상을 비꼬듯 묘사한 작품 중 **나카가와 준이치로**의 베스트셀러인《인터넷은 바보와 한량의 것(ウェブはバカと暇人のもの)》(고분샤 신서光文社新書, 2009년)이 있다. 나카가와는 인터넷 매체의 편집자 경력을 살려

글을 썼는데, 특히 인터넷상에는 의견의 다양성은 존재하지 않으며 주요 쟁점도 대개 텔레비전에서 얻은 정보를 적절히 섞어서 남들과 의사소통하는 것에 불과할 뿐이라고 꼬집었다. 그리고 이러한 특징이 보이는 B층(포퓰리즘에 치우치기 쉬운 층)에 속하는 사람들을 중심으로 이야기를 끌어나갔다. 그런데 그가 지적한 현상은 이 계층에서만 보이는 것이 아니다.

최근에는 '지식 수준이 높은 층'을 위한 콘텐츠나 커뮤니티 서비스가 늘어나고 있는데 여기에 속한 사람들도 비슷한 경향을 보인다. 모든 사람이 그렇지는 않지만, 그들이 이야기를 나눌 때 주목하는 부분은 '누가 말했는가'이지 '무슨 말을 했는가'가 아니다. 이렇게 특정 지식인의 말을 과도하게 긍정하고 SNS 등에서 이를 퍼뜨리는 모습은 우스꽝스럽기까지 하다. 소위 의식 수준이 높은 사람 중 몇 퍼센트는 어쩌면 오르테가가 말한 지성을 가진 야만인일지 모른다.

이러한 대중사회에 맞서는 방법은 단 세 가지밖에 없다. 첫 번째는 스스로 대중으로서 행동하고 소비사회를 칭송하는 것이며, 두 번째는 대중사회를 비판적으로 보고 지성의 부활을 꿈꾸는 자세를 갖는 것이다. 그리고 세 번째는 **대중화는 어쩔 수 없는 흐름이라는 것을 인정하고 이를 비즈니스에 어떻게 활용할 것인지 생각하는 것**이다.

오르테가는 대중사회를 비판하고 지성의 부활을 바랐지만, 현실적인 문제로 대중화의 흐름은 막을 수 없었다. 앞에서 설명한 게젤샤프트와 마찬가지로 테크놀로지의 진화가 계속되는 한 대중화도 점점 빨라지기 때문이다. 이때는 대중사회와 정신적으로 일정한 거리를 두고 냉정한 시각으로 경제활동의 방향성을 결정해야 한다.

참고로 나카가와는 편집자로 근무할 때, 회사 업무 외에 인터넷상에 유행하는 키워드를 열거하고 그 조건에 맞는 기사를 양산하는 페이지뷰를 활용해 돈을 벌었다고 한다. 이 정도까지 할 필요는 없지만, 다가올 대중사회를 어떻게 맞이할 것인지 제대로 준비하지 않으면 높은 수익은 기대하기 어려울 것이다.

머리 좋은 사람은 변화를 어떻게 예측하고, 또 착각할까?

사회발전단계설과 기술혁신

인터넷 보급으로 대중화가 급물살을 타자 이 파도에 휩쓸려 사회도 점점 빠르게 변화하고 있다. 이러한 상황에서 비즈니스나 투자로 큰 성공을 거둔 사람은 빠른 변화에도 뛰어난 대응력을 자랑한다. 실제로 자산 규모가 큰 부자의 대부분은 시대 변화를 잘 파악하여 남들보다 빠르게 이익을 얻은 사람들이다(인터넷 기업가 등이 대표적인 예다). 한편 시대와 상관없이 사람의 행동은 항상 변함없다고 보는 시각도 있는데, 이러한 관점에서는 어떤 시대든 통하는 비즈니스 방법을 실행하면 확실하게 성공할 수 있다고 생각한다.

유명한 투자가인 워런 버핏은 이렇게 시대와 상관없이 확실한 이익을 얻을 수 있는 비즈니스야말로 최고의 비즈니스라고 했다. 또한 확실한 이익이 보장되는 품목은 장기적으로 오래갈 확률이 높으므로 기한을 따지지 말고 갖고 있어야 한다고 말했다. 예를 들어 코카콜라나 질레트(현재 P&G 산하) 등의 제품이 대표적이다.

발전단계설을 활용하여 미래를 예측한다

변화는 오래전부터 많은 사람의 커다란 관심사로 이에 관한 논의는 끊이지 않았다. 변화를 보는 가장 대중적인 관점 중에는 **'발전단계설'**이 있는데, 이는 사회는 단계를 밟아가며 발전적으로 변화하는 것이라 보는 시각이다. 프랑스 사회학자인 **오귀스트 콩트**(Auguste Comte, 1789~1857)는 인간의 정신은 신학적, 형이상학적, 과학적(실증적), 이렇게 세 단계를 거쳐 진화한다고 주장했다. 한편 인간사회도 이와 비슷하게 군사적, 법률적, 산업적 단계로 발전하는 모습을 보인다.

아주 옛날에는 주술사가 존재했고 그의 예언으로 모든 일을 결정하는 사회였다. (샤머니즘) 이후, 사람의 행동에 관한 철학적인 이론이 등장했고 과학적으로 모든 일을 결정하게 되었다. 그러자 사람들은 이 이론을 합리적인 사고방식이라 생각하게 되었다. 이어서 정치 세계의 흐름을 살펴보면 처음에는 폭력이 지배하던 시대에서 법률을 중시하는 시대로, 그리고 산업적인 효율성을 중시하는 시대로 변화했는데, 이러한 일련의 흐름은 우리에게 매우 친숙한 이야기다.

지금 우리가 사는 사회는 산업사회이므로 정치 세계도 부분적으로는 산업적인 규칙을 따르고 있을 것으로 생각된다. 이번 장에서 설명한 게마인샤프트에서 게젤샤프트로의 조직 구성 변화 또한 그 밑바탕에는 발전단계적 사고방식이 있으며, 마르크스주의도 발전단계적 사상이라고 보아도 무방하다.

투자가는 '창조적 파괴'를 좋아한다

미국의 경제학자 **월트 휘트먼 로스토**(Walt Whitman Rostow, 1916~2003)는 경제학 분야에서 발전단계설을 주장했는데, 그의 이론은 각국의 경제정책에 큰 영향을 끼쳤다. 그리고 저널리즘 분야에서는 **앨빈 토플러**(Alvin Toffler, 1928~2016)도 같은 세계관을 이야기했는데, 특히 1980년에 출판된 세계적 베스트셀러 《제3의 물결(The Third Wave)》에서 사회는 농업, 공업, 탈공업이라는 세 가지 물결에 따라 발전한다고 주장했다.

한편 우리는 영업사원의 프레젠테이션을 보고 그 사람이 인터넷 제1세대인지 아니면 인터넷 제2세대인지 추측하며 무의식중에 발전단계적인 생각을 사용하고 있다. 이것만 보아도 발전단계설이 이미 대중적인 사고방식으로 자리 잡았다는 것을 알 수 있다. 이 발전단계설과 밀접한 관계가 있는 것은 기술혁신(innovation)이다. 기술혁신은 오스트리아 경제학자 **조지프 슘페터**(Joseph Alois Schumpeter, 1883~1950)가 만든 개념이다.

비즈니스와 조직 내에서 변화가 발생하고 이것이 새로운 가치를 낳는 것을 기술혁신이라 부르는데, 흔히 기술혁신이라 하면 테크놀로지를 떠올리는 사람이 많지만, 이 개념은 테크놀로지에만 한정된 것이 아니다. 조직의 생존 방법을 새로이 하거나 판매 방법 등을 활용하여 이제까지 없던 방법이나 새로운 가치를 만든다면 그 또한 기술혁신이라 부를 수 있을 것이다. 슘페터는 기술혁신이야말로 사회 원동력이며 그 덕분에 경제가 발전한다고 주장했다.

발전단계설이나 기술혁신론을 토대로 가설을 세워서 앞으로 어떤 변화가 올 것인지 예측하는 것은 미래를 내다보는 가장 확실한 방법이다. 이런 의미에서 기업이나 투자가들이 남들보다 빨리 성공하기 위해 이 방법을 선호하는 것도 아주 당연하다. 많은 사업가와 컨설턴트들이 슘페터의 '창조적 파괴'라는 말을 즐겨 사용하는 것도 이러한 이유 때문이다.

월트 휘트먼 로스토

미국의 경제학자. 15세에 예일 대학을 조기 입학했다. 경제발전단계설 (theory of economic development stage)을 도입했으며 전통적인 사회도 어느 지점에서 비행기가 이륙하는 것처럼 급속도로 발전한다는 테이크오프(take off, 도약) 이론을 주장했다.

인간은 생각보다 현명하지 않다

누구나 쉽게 받아들이는 사고법에는 생각지도 못한 결점이 숨어 있기 마련이다. 사회나 기술이 발전적으로 진화한다면, 우리는 그것을 예측하고 적절히 활용할 것이라는 가설을 세울 수 있는데, 이러한 사고법의 전형적인 예가 바로 컴퓨터를 활용한 시뮬레이션 기술이다. 그런데 이러한 합리적인 의사결정 방법은 때때로 말도 안 되는 착오를 일으키곤 한다. 미국에서는 전후에 수리적인 방법을 활용한 시뮬레이션 기술이 발달했는데, 당시는 기업 경영이나 정책에도 이를 응용하려는 움직임이 활발했던 시기였다.

대기업 자동차 회사 포드의 사장으로 취임한 로버트 맥나마라(Robert McNamara)는 통계학을 활용한 현대적 방법으로 당시 힘든 경영 상태였던 회사를 다시 일으킨 사람으로 유명하다. 당시 케네디 정권은 그의 이런 실적을 높이 사 국방장관으로 임명했다. 케네디 정권은 맥나마라처럼 합리적인 지성을 갖춘 인재라면 좋은 성과를 낼 것으로 생각했고 이에 그와 비슷한 슈퍼 엘리트를 간부로 많이 등용했다. 또한 과학적인 방법을 활용해 정책의 초안을 세우는 아이디어를 채용하기도 했다.

한편 로스토 또한 케네디의 선거 참모로서 정책을 세우는 데 깊이 관여했으며 케네디 서거 이후, 대통령으로 승격된 린든 존슨(Lyndon Johnson) 아래에서 보좌관을 역임하기도 했다.

이들은 미국 최고의 지성이라는 의미로 '최고의 인재들(Best and The Brightest)'이라고 불렸다.

그런데 이들의 뛰어난 지성을 내세운 과학적 정책은 불행하게도 베트남 전쟁을 일으켰다. 이 최고의 인재들이라는 말은 미국의 저널리스트 **데이비드 핼버스탬**(David Halberstam, 1934~2007)이 집필한 동명의 책에서 유래한 것으로, 그는 세상에서 가장 똑똑한 사람들이 지성에 빠져 올바른 선택을 하지 못하는 모습을 신랄하게 묘사했다. 이 세상에서 가장 똑똑하다는 말은 그들을 비판하는 표현으로 사용한 것이다.

한편 기술혁신이란 말을 만든 슘페터는 의외로 완전 다른 모습으로 미래를 예측했다. 특히 기술혁신이 활발해지면 이 자체가 방법론으로 정착될 것이며 미래에는 이러한 사고방식이 보

편적으로 자리 잡을 것이라고 내다봤다. 또한 이 영향으로 **사회
는 활력을 잃고 모든 사회가 관료주의적으로 바뀌게 될 것이며
결국에는 사회주의 체제가 되리라** 예상했다. 이렇게 기술혁신
의 미래를 부정적으로 보는 점이 아이러니하다.

　언뜻 보면 아름답게 보이는 합리적 사고법인 발전단계설이
지만, 이러한 결점이 있다는 것 또한 잊지 말아야 할 것이다.

> **LEARNING**

앨빈 토플러

미국의 평론가. 미래학자라고 부르기도 한다. 뉴욕대학을 졸업한 후, 현
장을 배우기 위해 공장 노동자로 근무했다. 이후〈포춘(Fortune)〉지에서
칼럼니스트와 컨설턴트로서 활동했으며 이후 평론가가 되었다. 주요 저
서로는《제3의 물결》《권력 이동(Power Shift)》이 있다.

> **LEARNING**

베트남 전쟁

베트남 지배권을 둘러싼 미국과 구소련의 대리전쟁. 시작은 미국의 지원
을 받은 남베트남 정부와 소련의 지원을 받은 베트콩(남베트남 민족해방
전선)의 내전이었지만 1965년 북베트남을 폭격한 사건을 계기로 미국이
직접 개입하게 되었다.

- 자기 관리 능력과 사명감이 없는 사람은 큰 부를 얻을 수 없다.
- 연간 수입을 올리고 싶다면 합리적 의사결정을 내리는 조직·집단에 속하라.
- 지배를 받는 사람은 돈을 벌 수 없지만, 지배를 활용할 줄 아는 사람은 돈을 벌 수 있다.
- 스스로 대중이 되기보다는 반대로 대중을 이용하는 방법을 생각하라.
- 발전단계설과 기술혁신에도 한계가 있다는 점을 기억하자.

"진리를 깨닫는 데 인문학을 활용한다는 의미는
수식 모델화를 해본다거나, 전망이 좋은 분야를 특화한다거나,
질적인 것과 양적인 것의 차이를 발견하는 등
남들과 다른 시각으로 사물의 본질을 생각한다는 것을 말한다."

제2장

세상에
휘둘리지 않고
돈 버는 법

ECONOMICS

경제학

SOCIOLOGY

ECONOMICS

MATHEMATICS

INFORMATION
ENGINEERING

PHILOSOPHY

HISTORY

ECONOMICS

'경제학'은 왜 불확실한가?

케인스 경제·고전파 경제·마르크스 경제

경제학만큼 일반적으로 심한 비판을 받는 학문 분야도 없을 것이다. 물리학이나 문화인류학 분야에서는 어떤 의론이 이뤄지고 있는지 잘 모르고 관심도 없는 사람이 많다. 그런데 경제학을 주제로 이야기하면 분위기가 완전히 달라진다. 경제학 학설이나 이론은 방송에서 흔히 다루는 주제로 다양한 사람들이 서로 의견을 주고받는 모습은 친숙하기까지 하다.

바로 최근까지 방송에서 경제학의 재정 투입 이론이 타당한지를 놓고 열띤 토론을 했었지만, 지금은 양적완화(quantitative easing, 중앙은행이 통화를 시중에 직접 공급해 경기를 부양하는 통화정책)가 새로운 논쟁의 대상으로(이른바 리플레이션파와 리플레이션 반대파의 논쟁) 떠오르는 상황이다. 경제학이 이만큼 우리 사회에서 쉽게 논의되는 이유는 우리 생활 자체가 돈 문제와 밀접한 관련이 있기 때문이다.

경제학은 단순한 학문이 아니다?

경제정책은 정권 대부분에서 중요한 문제 중 하나이다. 경기가 좋아져 주식이 상승하면 선거에서 유리해지는 건 사실이다. 이러한 이유에서 정치가는 어떻게 해서든 경기를 좋게 만들려고 노력한다. 이에 자연스럽게 정치가는 본인만의 경제정책을 어필할 기회를 많이 얻고, 이 영향으로 경제를 주제로 한 방송이 많아지는 것이다. 덕분에 일반 사람들도 쉽게 경제학 정보를 얻을 수 있게 되었다.

정치가는 경제학 학설을 인용해서 경기를 좋게 만드는 방법을 이야기하기 때문에, 간혹 국민 중에는 이들의 경제정책을 과도하게 믿는 사람들도 종종 있다. 하지만 앞서 언급했듯이 경기를 확실하게 살리는 경제이론은 존재하지 않는다. **어디까지나 '이렇게 하면 좋아질 가능성이 있다'라고 설명하는 것일 뿐, 정치가가 이야기한 경제정책이 반드시 통한다고 장담할 수 없기 때**

문이다.

경제정책은 대부분 실패로 끝나며 국민의 열렬한 기대가 실망으로, 실망이 비판으로 바뀌는 경우가 많다. 이런 의미에서 경제학의 불확실성은 비판 대상이 될 수밖에 없다. 이 때문에 경제학이 마치 일방적으로 부당한 평가를 받는 피해자로 보일 수 있지만, 전적으로 모든 책임이 있는 것은 아니다. 여기에는 경제학 전문가의 언행도 어느 정도 지분이 있다.

앞서 이야기했듯이 경제학에서 완벽한 성공은 없다. 그런데도 정치가는 그저 국민의 표를 얻기 위해 어쩔 수 없이 단정적으로 이야기한다. 경제학자나 경제 전문가가 할 일은 전문적 입장에서 냉정한 의견을 내는 것이다. 대부분의 전문가는 책임을 갖고 일하지만, 가끔 특정 정권에 붙어 그 정권에 들어가려는 개인적 동기로 정치가와 뜻을 함께하는 사람도 있다. 그래서 '이렇게 하면 반드시 경기가 좋아진다'라며 마치 예언가처럼 단언한다. **이런 의미에서 경제학 세계는 단순한 학문이라기보다는 정치적 존재에 훨씬 가깝다고 볼 수 있다.**

주식시장의 억만장자였던 케인스

경제학의 이러한 특징은 경제학의 성립 배경과도 밀접한 관계가 있다. 먼저 경제학은 물리학 같은 자연과학과 달리 상당히 철학적이며 정치적 요소를 포함하고 있다(사실 물리학에도 철학적, 정치적 요소가 있지만, 여기에서는 특별히 언급하지 않겠다).

요즘에는 배우는 사람이 거의 없지만, 과거에는 마르크스주의 경제학이 경제학의 가장 중요한 주제 중 하나였다. 마르크스주의 경제학은 유물론과 독일의 철학자 **게오르크 빌헬름 프리드리히 헤겔**(Georg Wilhelm Friedrich Hegel, 1770~1831)이 사용한 변증법을 기초로 하고 있는데(유물변증법), 특히 사람의 사고는 산업과 기술, 경제 같은 물질적 환경에 영향을 받아 상호 모순과 대립을 반복하면서 최적의 형태로 진화한다고 생각한다.

요컨대 역사(시간)는 어떤 일정 방향을 향해 진행하는 가치관으로, 처음부터 특정 사상을 기초로 모든 것이 짜여 있다는 의미다(참고로 역사의 최종지점에는 공산국가가 있다고 보고 있다). 마르크스주의만큼 극단적이지는 않지만, 현대 경제학의 기초로 이른바 고전파 경제이론의 대표자인 **애덤 스미스**(Adam Smith, 1723~1790)는 '**보이지 않는 손**(invisible hand)'이라는 말을 사용했는데, 이 또한 경제이론에 사상이 포함되어 있다는 것을 보여준다.

20세기 최대 경제학자인 **존 메이너드 케인스**(John Maynard Keynes, 1883~1946) 또한 처음에는 사람의 심리나 행동을 이해하고자 하는 목적으로 경제학의 기초를 확립했다. 그는 일반적인

학자의 이미지와 달리 주식투자로 거액의 부를 얻는 등, 투기꾼의 얼굴도 갖고 있었으며 모교인 케임브리지 대학의 자금을 굴려 대학에 큰 수익을 안겨주기도 했다. 또한 영국 정부에 협력하여 제2차 세계대전 후의 금융 시스템 구축을 둘러싼 대미교섭 책임자로 미국과 팽팽한 교섭을 진행했던 것으로 유명하다(교섭은 결국 실패했다).

오늘날에는 경제학이라 하면 어려운 수식을 나열한다는 이미지가 있다. 그런데 막상 케인스의 책을 보면 수식이 거의 없다는 것을 확인할 수 있다. 지금 우리가 사용하는 케인스의 경제이론은 오히려 '과학적이지 않다'라는 기존 경제학의 이미지를 없애기 위해 훗날 자연과학 방법을 활용해 고도로 수식화한 것이다(사실 수학을 활용하면 과학적이라고 생각하는 사람들의 반응도 애매하다).

즉 경제학은 처음부터 이데올로기적 측면과 비즈니스적 측면을 둘 다 가지고 있었으며 이는 지금도 별반 다르지 않다. 왜냐하면 경제학자끼리 토론하다 보면, 종종 감정적으로 과격해지기도 하기 때문이다. 특히 리플레이션을 지지하는 쪽과 리플레이션을 반대하는 쪽은 서로 입이 아플 정도로 비난하며 자신의 학설이 옳다고 주장하곤 하는데, 이러한 모습은 물리학이나 화학 등 자연과학 세계에서는 흔치 않은 광경이다. 따라서 경제학

에 대해 생각할 때는 이러한 특수한 면을 반드시 염두에 두어야
한다.

LEARNING

보이지 않는 손

영국의 경제학자 애덤 스미스의 말로, 개인이 이익을 합리적으로 추구하
면 사회 전체에 적절한 분배가 가능해진다는 의미다. 오늘날에는 시장
구조를 설명하는 말로 자주 사용된다.

ECONOMICS

경제효과 검산이 틀리면 경기를 예측할 수 없다

모델화 방법

경제학에 대한 과도한 기대감은 '경제학적 지식을 활용하면 경기를 통제할 수 있지 않을까?'라는 생각에서 비롯된다. 그러나 현실 경제는 그렇게 단순하지 않다. 동향을 예측하거나 통제하는 일은 매우 어렵기 때문이다.

우리는 경제학이 시스템을 어디까지 설명할 수 있을지 잘 알아야 한다. 그래야 경제학을 투자나 비즈니스에 제대로 응용할 수 있으며 과도하게 기대하는 일도 없게 된다.

항등식과 방정식은 다른 것

오늘날의 경제학은 경제 구조를 **수식 모델화**하는 데 집중되어 있다. 수식 모델은 어떤 변수와 변수의 관계를 수학적으로 나타낸 것을 말한다. 예를 들어 실질 GDP(국내총생산)가 증가하면 실업률이 수직으로 감소한다는 상관관계를 도출할 수 있다고 가정해보자. 이것을 수학적으로 표현하면 실업률과 실질 GDP는 서로 음의 상관관계가 있다고 볼 수 있다. 즉 실질 GDP와 실업률이라는 경제적 변수의 관계를 한쪽 변수가 증가하면 다른 변수가 줄어든다는 단순수식으로 모델화한 것이다.

그런데 실제 경제변수끼리는 대부분 단순한 비례관계가 성립되지 않으며 어떤 변수와 어떤 변수가 연관되어 있는지 모르는 경우도 흔하다. 그래서 이를 좀 더 쉽게 이해할 수 있도록 거시 경제학(macroeconomics)에서 적당히 정의하여 변수끼리의 관계를 간결한 수식으로 표현하기로 한 것이다. 이렇게 만든 모델을 토대로 현재 경제 상태가 어떠한지, 또는 어떤 부분을 어떻게 자극해야 경기가 좋아질 것인지 등을 예측한다.

그런데 이때, 방정식과 항등식이 다르다는 것을 자주 간과한다. 거시 경제학 교과서 등에 나오는 Y= C+G+I라는 수식은 국민 소득 계정(national income accounts)을 가장 단순하게 모델화한 것으로, 특히 GDP의 지출 면에 주목하여 개인 소비(C)와 정부지출(G), 그리고 기업의 투자(I)가 어떠한 관계인지 나타낸 것이다. 경제학자 등 소위 전문가도 이 식을 토대로 경제 현상을 설명하고 있으며, 대중매체 등에서 GDP 통계를 보고하는 기사를 쓸 때도 대체로 이 식을 토대로 해설하고 있다. 예를 들어 2015년 7~9월의 GDP를 보고한 니혼게이자이 신문의 기사를 살펴보도록 하자.

투자는 1.3퍼센트 감소했으며 이사분기 연속 마이너스였다. (중략) 반면 개인 소비는 0.5퍼센트 증가했으며, (중략) 이사분기 만에 증가 추세로 바뀌었다. 공공투자는 0.3퍼센트 감소하여 이사분기 만에 마이너스가(중략) 되었다. (니혼게이자이 신문 2015년 11월 16일자 기사)

이 기사에서는 Y=C+G+I 중 C(개인 소비)는 전기보다 0.5퍼센트 증가했지만, I(투자)는 1.3퍼센트 마이너스가 되었으며, G(공공투자)도 0.3퍼센트 마이너스라고 나와 있다(G는 정부지출 전체를 이야기하므로 이 기사의 공공투자와는 완벽히 일치하지 않는다).

이 수식 모델과 기사를 보면 투자(I)나 정부지출(G)을 인위적으로 늘리면 GDP는 간단히 늘릴 수 있다고 생각하겠지만, 여기에는 작은 함정이 숨어 있다. 이 수식은 '항등식'으로 우리가 학교에서 수업 시간에 자주 사용하는 방정식과 함수와는 다른 수식이다.

항등식: 어떤 값을 대입해도 성립하는 등식

$$Y = C + G + I$$

| GDP
? | 개인 소비
0.5% | 정부지출
(공공사업)
▲0.3% | 투자
▲1.3% |

그러나 방정식이나 함수와는 달리 G를 늘린다고 해서 Y가 늘어나지 않는다. G를 늘리면 I가 줄어들어 Y 수치는 변함없을 수도 있다.

간단한 수식으로 나타냈지만,
항등식인 이상 완벽한 예측은 불가능하다.

국민 소득 계정의 항등식

항등식은 방정식이나 함수와는 달리 어떤 값을 대입해도 성립하는 등식이다. 그러므로 이 식에 나와 있는 C와 I와 G 그리고 Y의 관계는 항상 성립한다. 그런데 각각 어떤 관계이기에 식이 성립하는지 그 이유는 설명해주지 않는다. 만약 GDP(Y)가 정부지출(G)의 함수라면, G를 늘리면 그대로 Y도 증가한다. 예를 들어 공공사업을 많이 하면 그대로 GDP가 늘어난다. 경제성장은 GDP가 늘어났다는 의미이므로, 이렇게 되면 경제성장을 순조롭게 실현하는 것이다.

그러나 이 식은 항등식이므로 경제가 성장한다고 단정할 수 없다. 최종적으로 Y=C+G+I라는 관계가 성립할 뿐이지, 정부지출 G를 늘리면 투자 I가 감소하여, 결국 Y 수치는 변함없을 가능성도 있기 때문이다. 만약 G와 I 그리고 C의 상호 관계도 모두 함수로 표현할 수 있다면, G를 얼마나 늘려야 Y가 얼마나 늘어날지 완벽하게 예측할 수 있을 것이다. 그러나 각 항목의 상호 관계성을 모두 완벽하게 밝히는 일은 불가능하며 같은 관계가 지속하리라는 보장도 없다. 따라서 실제로 예측할 때는 소득이 일정 비율 소비를 웃돈다는 가정 하에 수식을 분석해야 한다.

즉 단순한 수식으로 모델화할 수 있다 해도 그것이 항등식이라면 완벽한 예측에는 사용할 수 없다. 실제로 정부지출 G를 조금씩 늘리고 자금을 국채로 보충하면 개인 소비에는 그다지 영향이 없을 것이다. 따라서 단기적으로는 정부지출 G를 늘리면, 그만큼 GDP(Y)는 늘어난다고 판단해도 무방하다. 그래서 경기 대책으로 공공사업을 하는 것이다.

그런데 이 관계성이 항상 성립한다는 보장은 없다. 실제로 과거에는 공공사업을 늘리면 그것이 그대로 경제성장으로 이어졌지만, 오늘날에는 이 정도의 효과를 보기 어려워졌다. 게다가 정부지출 G가 증가하면 다른 항목에 부담을 줄 가능성도 부정할 수 없다.

이는 등식의 특징을 이해한다면 쉬운 이야기지만, 이러한 기본을 설명해주는 곳이 없다. 심지어 전문가 중에는 일반적인 함수처럼 미래를 예측할 수 있다고 말하는 사람도 있어서 이에 관한 오해는 좀처럼 사라지지 않는다.

이 때문에 경제학은 하나도 도움이 안 된다고 생각하기 쉽지만, 사실 그렇지 않다. 오히려 지금처럼 아무도 관심 없을 때를 노려 잘 활용하면 새로운 기회를 잡을 수 있다. 이어서 경제학을 활용하는 구체적인 방법을 살펴보도록 하자.

LEARNING

정부지출과 투자

정부지출을 늘리는 경우, 국채를 발행하는 일이 많다. 국채를 대량으로 발행하면 금리가 상승하고 민간 투자 의욕이 저하될 가능성이 있다. 이렇게 정부지출로 인해 민간 투자가 억제되는 현상을 크라우딩 아웃(crowding out)이라고 한다.

LEARNING

항등식

변수가 언제든지 성립하는 등식. 수학 시간에 배운 인수분해 공식이 대표적인 항등식이다. 반면 방정식은 변수가 특정 값일 때만 성립되는 등식이다. 일반적으로 특정 값을 찾을 때 방정식으로 푼다.

ECONOMICS

특매를 노리지 않는 경제학적 이유

GDP 기초이론

거시 경제학에서 쓰이는 항등식은 미래 예측에는 적절하지 않지만, 앞서 설명한 수식 모델은 경제가 어떠한 구조로 순환되는지 이해하는 데 도움이 된다. 예를 들어 비즈니스나 투자를 할 때는 내년 GDP가 몇 퍼센트 성장하는지와 같은 직접적인 정보보다 오히려 이 등식이 훨씬 유용하다.

GDP보다는 거리 분위기를 주목하는 투자가

GDP와 연관 있는 항등식인 Y=C+G+I는 사회에서 어떻게 돈이 돌고 있는지 알려주는 가장 단순한 모델이다. 실무적으로는 무역수지(NX: 순수출, Net Export)를 더해 Y=C+G+I+NX라는 수식을 활용한다.

이 등식에 있는 개인 소비, 정부지출, 투자, 수출입이라는 네 가지 요소를 보면 경제 상황을 대강 이해할 수 있으며 구체적인 숫자를 대입해보면 확실하게 알 수 있다. 예를 들어 일본의 GDP는 500조 엔 정도인데 이 중 가장 큰 비중을 차지하는 것은 개인 소비로 전체의 60퍼센트에 해당한다. 이를 금액으로 환산하면 300조 엔 정도가 된다.

두 번째로 비중이 큰 것은 정부지출로 전체의 20퍼센트이며 금액으로 환산하면 100조 엔이다. 세 번째인 투자는 전체의 약 17퍼센트이며 금액으로 환산하면 85조 엔 정도가 된다. 남은 것은 수출입(무역수지) 등이라고 생각하면 된다. 개인의 소비 활동이 전체의 60퍼센트를 차지하므로 GDP 대비 소비 기여도가 매우 큰 편이다.

경제에 관한 '지식'이 있는 사람은 경기를 판단할 때 보정예산(modified budget, 본예산 편성 후에 재해 발생이나 정책 변경 등으로 본예산 항목이나 금액에 변경을 가하는 예산)**이나 무역수지**(trade balance, 일정 기간의 수출입거래로 발생한 일국의 외국과의 대금 수불액)**보다는 소비 동향에 주목할 것이다.**

간혹 본인만의 기준으로 거리 분위기를 주목하는 투자가도 있다고 하는데 이 사람은 양적완화책의 효과나 소비자 물가지수 동향 등, 미디어에서 다루는 경제학 정보는 거의 신경 쓰지 않는다. 그런데 이 방법은 경제학적으로 보면 틀리지 않았다. 왜냐하면 GDP의 60퍼센트가 개인 소비이므로 거리 분위기를 잘 살펴보고 어떤 상품이 잘나가는지, 이를 기준으로 경기를 합리적으로 판단하기 때문이다.

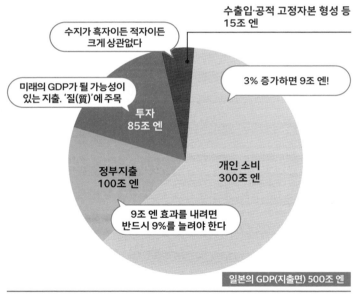

일본의 GDP(지출면)를 보는 방법

공적인 경제 통계 중에는 택시 운전사에게 경기 동향에 관한 설문 조사를 진행하여 정리한 자료도 있다. 이는 이른바 길거리 경기지표라는 것인데, 실제 경제지표보다 훨씬 먼저 움직인다는 특징이 있다. 이때 60퍼센트라는 숫자의 의미를 이해하는 것이 중요하다.

만약 전체의 60퍼센트를 차지하는 개인 소비가 3퍼센트 증가하면 이는 9조 엔 정도 경제효과를 보았다는 것을 의미한다. 한편 정부지출은 전체의 20퍼센트 정도로, 마찬가지로 9조 엔 효과를 얻으려면 정부지출을 9퍼센트나 올려야 한다. 그런데 이 정도 규모로 보정예산을 짜는 일은 현실적으로 어렵다. 이에 타협책으로 보정예산을 1~2조 엔 정도 짠다고 해도 이렇다 할 효과는 얻기 힘들 것이다.

지금까지 설명한 것이 바로 **'인문학적인' 자세의 본질이며** 이러한 태도로 문제에 접근해야 한다. 따라서 인문학적으로 생각해보면, 개인 소비 다음에 신경 써야 할 부분은 금액이 큰 정부지출이 아니라 기업의 투자가 될 것이다. 왜냐하면 투자는 소비가 아니라 미래의 이익이 될 수 있는 지출이기 때문이다. 그런데도 규모가 큰 개인 소비를 주목한 이유는 '양'적인 부분에 초점을 맞췄기 때문이며, 이어서 투자를 마지막으로 살펴본 이유는 '양'이 아니라 '질'에 주목했기 때문이다.

투자와 소비의 차이는 그 지출이 미래에 이익을 줄 것인지 아닌지에 달려 있다. 예를 들어 비슷한 수준의 두 직장인 중, 나중에 보니 한쪽이 부자가 되어 있다면, 두 사람의 결정적인 차이는 돈을 쓰는 방법에 있을 것이다.

돈과 인연이 없는 사람은 항상 소비지출만 하는 경향이 있지만, 돈과 인연이 있는 사람은 미래에 본인의 이익으로 돌아올 지출을 선호한다. 그래서 부자일수록 주식투자나 부동산 투자를 좋아하는 것이다.

이를 경제 전체에 대입해도 마찬가지다. 시설에 투자하여 점포나 공장을 늘리면, 이것이 미래의 수익이 된다. 따라서 같은 1조 엔이라도 개인 소비에만 1조 엔을 지출하는 경우와 시설 등에 투자금으로 1조 엔을 지출하는 것은 의미가 다른 것이다. 지금 일본의 경기가 좋지 않은 원인 중 하나는 기업이 리스크를 피하려고 시설에 투자하지 않기 때문이다. 이는 지금 경기를 식게 하는 것은 물론, 장기적으로는 미래의 GDP 또한 억제하는 꼴이다.

단, 무턱대고 투자를 늘리는 것은 좋지 않다. 그보다는 기술 진보에 따라 장래 이익이 될 만한 유망한 대상에 투자하는 것이 중요하다. 이런 의미에서 질을 담보로 투자해야 훨씬 이득을 볼 수 있다.

순서대로 쉽게 생각하기

진리를 깨닫는 데 인문학을 활용한다는 의미는 **수식 모델화를 해본다거나, 전망이 좋은 분야를 특화한다거나, 질적인 것과 양적인 것의 차이를 발견하는 등** 남들과 다른 시각으로 사물의 본질을 생각한다는 것을 말한다.

이렇게 이야기하면 '그런 건 당연하다', '방법을 알아봤자 부자가 될 수 없다'라며 비판하는 사람이 있는데 이거야말로 당연한 말이다. 그런데 이렇게 비판하는 사람 중에서 막상 어떤 상황이 생겼을 때 합리적 사고를 할 수 있는 사람이 얼마나 있을까? 아마도 생각보다 많지 않을 것이다.

실제로 경제정책을 이야기할 때, 보정예산에 관해서는 거리낌 없이 토론하지만, 정작 소비가 늘어나지 않는 이유인 개인소비에 관한 문제는 근본적으로 따지지 않는다(이를 디플레이션 마인드(경제 상황을 비관적으로 보고 절약과 저축은 하지만 소비는 하지 않으려는 심리상태)라는 말로 모호하게 결론짓는 경향이 있다).

반면 무역수지 증감에 관해서는 전문가뿐만 아니라 일반 사람들도 관심이 많다. 하지만 기본적인 경제 상황을 분석할 때, 무역수지가 적자든 흑자든 이는 그렇게까지 큰 문제가 되지 않는다는 사실을 간과하곤 한다(무역수지가 경제에 어떤 영향을 끼치는지는 또 다른 이야기다). 즉 정작 중요한 것은 놓치고 사소한 것에 한눈을 팔고 있는 셈이다.

회사 업무나 사생활도 비슷한 상황이다. 영업 활동의 경우를 생각해보자. 한 건에 100만 엔 정도의 소량 고객과 한 건에 1억 엔 정도의 거액 고객이 있다고 가정했을 때, 이 둘의 영업성적 기여도는 다를 것이다. **합리적으로 생각하면 1억 엔이 걸린 일에 노력과 생각을 집중해야** 하지만 그러지 않는 기업도 많다. 오히려 기여도가 낮은 일에 집중하는 경우를 종종 찾아볼 수 있다.

규모가 큰 일에 집중해야 한다고 이야기하면, 상대적으로 규모가 작은 일은 소홀하게 되니 이는 윤리적으로 옳지 않다는 말까지 나온다. 이러면 이미 논점을 벗어난 것과 다름없다.

가정에서도 마찬가지다. 평소에 절약하는 생활 습관을 실천하는 집도 많겠지만, 사실 가계 내의 고액 지출은 대개 주택, 보험, 그리고 자동차다. 가계지출을 경제와 마찬가지로 단순 모델로 환원해서 생각해보자. 그러면 한 푼이라도 저렴한 무를 사겠다고 슈퍼를 여기저기 찾아 돌아다니는 일이 얼마나 무의미한지 깨달을 수 있을 것이다.

자동차에 나가는 지출이 많다고 지적하면, 대부분은 '차는 꼭 있어야 하는 것'이라고 반론한다. 반면 지식 있는 사람은 차가 없다면 실제로 비용이 얼마나 남는지, 또는 택시나 렌터카로 대체하면 비용이 얼마나 들어가는지 냉정하게 계산한 다음 결론

을 내린다. 이처럼 기존 가치관에서 벗어나 다른 관점으로 접근
하고 시도해야 한다.

무역적자(Trade deficit)
상품의 수출과 수입의 차액을 무역수지라고 부르는데 이때 수출이 많으
면 흑자, 수입이 많으면 무역적자가 된다. 한편 무역수지에 해외에서 얻
은 투자 수익 등을 추가한 것을 경상수지(Current Account Balance)라 하
며 무역적자와 흑자는 경제성장과 직접적인 관계가 없다.

ECONOMICS

회사원보다 자본가가 훨씬 유리한 이유

삼면등가의 원칙

지금까지 GDP 항등식을 '돈을 쓰는' 관점에서 설명했지만, 똑같은 식이라도 관점을 달리 보면 완전히 다른 면을 발견할 수 있다. 앞서 설명했던 GDP 항등식도 관점을 바꾸면 다른 의미를 발견할 수 있다.

같은 모델을 다른 각도로 보기

GDP를 나타내는 항등식 Y= C+G+I에서 각 항목은 개인 소비, 정부지출, 투자를 말한다. 먼저 개인 소비는 문자 그대로 개인이 물품을 사서 쓴 금액을 말하며, 정부지출은 정부가 지출한 것을 말한다. 마지막으로 투자는 공장의 기계나 건물 등에 대한 지출을 말한다. 이때 소비와 지출의 차이는 이익을 얻느냐에 달려 있다. 즉 이 등식은 그 나라에서 국민이나 정부가 일 년간 사용한 금액의 총액을 말한다. 따라서 이 항등식은 GDP의 '지출면'에 주목한 수식이다.

그런데 이 등식을 다른 측면으로 생각해보면, 돈을 쓴 사람이 있으니 그 돈을 받은 사람도 있을 것이다. 앞서 일본의 GDP는 500조 엔이라고 설명했는데, 만약 이 돈을 다 썼다면 이 500조 엔을 받은 쪽도 반드시 있을 것이다. 이를 GDP의 '분배면'이라고 한다. 게다가 돈이 오가는 전제로 물건을 판매했으므로 사용한 금액과 같은 금액의 '생산'이 발생한다. 따라서 GDP에서 '지출', '분배', '생산' 금액은 모두 일치하게 되는데 바로 이것이 경제학 기초 교과서에 등장하는 **'GDP 삼면등가'의 원칙**이다.

대부분은 교과서를 읽고 '삼면등가'를 암기했을 테지만, 인문학적 지식이 있는 사람은 그보다는 본질적인 의미를 생각한다. 똑같은 GDP라도 사용하는 쪽의 관점과 받는 쪽의 관점은 상당히 다르므로 하나의 상황을 다르게 분석할 수 있다. 보통은 지출면만 주목하는 경향이 있어 '소비가 몇 퍼센트 증가'했다고 분석하기 쉽지만, 반대로 분배면을 주목하면 정확하게 '수익' 구조를 이해할 수 있다.

경제학을 알면 자산 1억 엔의 중요성이 보인다

좀 전의 지출면과 마찬가지로 분배면을 항등식으로 나타내면 $Y=L+K$가 되는데, 이때 L은 노동에 대한 보수를 말한다. 좀 더 알기 쉽게 설명하면, 이는 우리가 받는 임금(월급)을 말하며 상품을 사기 위해 누군가 지출한 돈이 최종적으로 누군가의 급료 형태로 바뀌었다는 뜻이다.

이어서 다른 항목인 K는 자본에 대한 보수다. 경제활동은 재화와 서비스만으로 성립하지 않는다. 예를 들어 닭고기꼬치 구이 가게를 경영한다면, 닭고기를 굽는 사람과 닭고기만 있다고 해서 굴러가지 않는다. 추가로 손님에게 닭고기꼬치를 팔 공간인 점포가 필요하다. 이때 내장공사 등의 초기 투자가 필요한데 투자 자금을 제공해준 사람에게는 이자나 배당 같은 형태로 그 출자를 보상해야 한다. 이러한 보상이 없다면 사업에 출자하는 사람은 없을 것이다.

이 GDP 모델은 기업이 번 돈을 임금 형태로 노동자에게 분배함과 동시에 이자나 배당 같은 형태로 자본가에게 환원하는 것이 바로 경제라는 사실을 알려준다. 요컨대 돈을 버는 방법에는 두 가지가 있다는 것을 의미한다. **하나는 노동력을 제공하는 대신 임금을 받는 방법이며, 다른 하나는 자본을 제공하는 대신 이자나 배당을 받는 방법이다.**

그렇다면 실제 경제에서 돈은 어떻게 분배되고 있을까? 앞서 일본의 GDP가 약 500조 엔이라고 이야기했는데, 이 500조 엔 중에서 노동자 보수로 나가는 금액은 약 250조 엔(고용자 보수)으로 이는 전체의 약 절반을 차지한다. 한편 자본에 대한 대가로 나가는(영업잉여) 금액은 약 100조 엔이다. 나머지는 설비의 감가상각(depreciation, 고정자산에 투하된 자본 가치를 유지하고 이것을 일정한 유효기간 내에 회수하는 회계 절차) 등, 고정자산을 유지하는 데 필요한 경비로 사라진다. 그리고 자본으로 제공되는 돈의 총액(national wealth, 국부)은 약 300조 엔으로 이를 대략 계산하면, 일본 전체로 보면 투자의 평균 이율은 3.3%라는 수치가 나온다(100조 엔÷3,000조 엔).

일본에는 약 6,600만 명의 노동자가 있으므로(노동력 인구) 노동자 보수를 인구수로 나누면 일인당 연간 수입을 계산할 수 있다. 그러면 약 380만 엔이 나오는데 이는 일본인 노동자의 평균 연 수입에 가까운 수치다.

직설적으로 이야기하면, **급료를 받으며 일하는 한 1년간 평균 380만 엔밖에 벌 수 없는 구조**란 뜻이다.

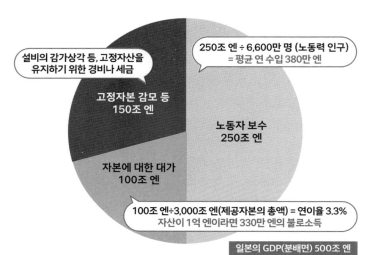

일본의 GDP(분배면)를 보는 방법

한편 자본을 가지고 돈을 번다면 이야기가 달라진다. 자본금으로 투자하면 평균 3.3%의 연이율이 생긴다는 계산이 나오므로, 만약 준비한 자금이 1억 엔인 사람은 연이율 3.3%, 즉 일하지 않고 연간 330만 엔 정도를 벌 수 있다는 이야기가 된다.

부자에 관한 서적이나 잡지 등에서 '1억 엔을 모아라'라는 말을 본 적이 있을 것이다. 이 숫자를 쓰는 이유는 보기에 좋은 것도 있지만, 그보다 훨씬 깊은 뜻이 숨어 있다. **경제학적으로 따져보면, 자산 1억 엔을 자금으로 투자했을 경우, 연 수입에 가까운 금액을 불로소득으로 얻을 수 있다는 계산이 나온다.**

그런데도 GDP의 분배면과 돈의 총액인 저량(stock, 일정 시점에서 정의되는 측정지표로 자산, 부, 부채, 자본이 여기에 속한다)에 관해서는 많이 다루지 않는 편이다. 이때 경제학에 관한 기초적인 지식이 있으면 부자의 기준이 1억 엔인 이유 그리고 2015년에 화제가 된 토마 피케티(Thomas Piketty, 1971~)의 이론도 완벽하게 이해할 수 있을 것이다.

직장을 그만두기로 결심한 이유는 경제학 지식 덕분

프랑스 경제학자인 **토마 피케티**는 저서인 《21세기 자본(Capital in the Twenty-First Century)》에서 부를 가진 자본가와 노동자의 격차가 확대되고 있다고 주장했다. 왜냐하면 노동자에 대한 보수와 자본에 대한 보수에는 차이가 있기 때문이다.

노동자에 대한 보수는 GDP 성장률이 증가하지 않으면 늘지 않는다. 즉 경제성장만이 노동자의 급료를 늘릴 방법인 셈이다. 한편 자본에 대한 이자나 배당은 항상 일정 수준 이상을 유지하는데 이는 기업 측이 **노동자의 급료 상승보다 이자나 배당을 우선하기 때문이다. 그래야 기업은 투자나 융자를 받을 수 있는 것이다**.

따라서 역사적으로 어느 시대든 경제성장률보다 자본에 의한 이율이 높아지고 이에 노동자와 자본가의 격차는 계속 벌어진다는 이론이 성립하는 것이다. 이 책을 포함해서 시중에 나와 있는 부자에 관한 많은 책에는 사업과 투자를 해야 부자가 될 수 있다고 이야기한다.

이 방법뿐이냐며 화내는 사람도 있을지 모르지만, 경제학 지식을 활용해 얻은 결과도 역시 비슷한 결론을 이야기한다. 노동자로서 급료를 받는 것보다 자본가나 투자가로서 리턴을 얻는 편이 부자가 되는 데 유리하다는 것이다.

한편 창업도 본인의 비즈니스에 투자하는 것이므로 기본적으로 완전히 똑같다. 아무튼 위험 요소는 많아도 주식투자나 부동산 투자를 하는 편이 부자가 되는 지름길이라는 건 아주 당연한 결론이다. 이때 경제에 관한 지식이 있으면 이 사실을 깨닫고 말도 안 되는 꿈을 좇는 일은 없을 것이다. 부정적으로 들릴지 모르지만, 이는 사실이다. 이보다 더 유력한 방법은 없다는 것을 깨달으면 비로소 투자가나 실업가다운 행동을 할 수 있을 것이다. 그러니 한번 도전해보는 것도 좋을 것이다.

이를 학술적인 말로 바꿔보면 기업가정신(entrepreneurship)이라 할 수 있겠다. 경제활동은 인간의 행동을 집대성한 것이므로 마지막에는 정신적인 부분이 큰 영향을 끼치는 것도 지극히 당연한 일이다.

나도 과거에는 회사원이었다. 독립한 뒤, 사업이나 투자에 발을 들이기까지 고민이 많았고 이것 말고 다른 좋은 방법이 있지 않을까 생각한 적도 있다. 하지만 결국 실업가와 투자가가 되겠다고 결심한 결정적 이유는, 투자가나 실업가여야 상대적으로 불리하지 않다는 경제학적 지식을 얻은 덕분이었다. 즉 경제학 지식이 나를 밀어주는 원동력으로 작용한 셈이다.

LEARNING

연이율

연이율이란 투자금액에 대한 1년간 수익 비율을 나타낸 수치이고 이율은 액면 금액에 대한 이자 비율을 말한다. 액면 금액이 100엔이고 이자가 5엔이라면 이율은 5%이지만, 이 채권을 90엔으로 싸게 사면 현행수익률은 5.6%가 된다.

ECONOMICS

돈이 남으면 어떻게 해야 할까?

피셔 방정식과 화폐수량설

흔히 과학 분야에서는 수식 모델이 같아도 관점을 바꾸거나 어떤 조건을 설정하면 완전히 다른 식으로 바뀌는 일을 종종 찾아볼 수 있는데, 이 방법을 경제 분야에도 대입해보면 아베노믹스(Abenomics, 유동성 확대를 통해 디플레이션에서 벗어나겠다는 아베 신조 일본 총리의 경기부양책) 이론의 근거 중 하나인 **화폐수량설**(quantity theory of money)도 달리 보일 것이다. 그러면 이때, 어떻게 행동해야 비로소 현명한 것인지 힌트를 찾을 수 있을 것이다.

같은 등식에서 전제조건을 바꾸면?

화폐수량설은 **'기본적으로 물가수준은 통화량에 비례한다'**는 경제학 가설로 흔히 **MV = PT**라는 피셔 방정식(Fisher Equation)으로 설명한다. 이때 M은 시장에 돌고 있는 통화량, V는 화폐 유통속도를 의미한다.

이 가설에 따르면 우리 사회에서 돈은 끊임없이 돌고 있으므로 한 번 발행된 돈은 1년 사이에 시장을 몇 번이나 왔다 갔다 한 셈이다. 이때, 유통속도는 빠르기가 아니라 돈의 회전율이라고 생각하면 된다. 이 등식의 다른 한쪽에 있는 P는 물가수준(가격)을 의미하며 T는 거래 횟수를 가리킨다. 이 수식에서 중요한 것은 이번 장에서도 몇 번 설명했던 항등식이라는 점이다.

항등식은 방정식이나 함수와 달리 어떤 값이든 성립하므로 이 수식은 어떤 값을 늘리면 어떤 값이 증가한다는 것을 설명하는 식이 아니다. 그보다는 **수식 안의 어떤 항목을 바꾸면, 적어도 다른 한 항목도 바꾼다**는 것이 중요하다. 예를 들어 중앙은행이 양적완화책으로 M을 늘렸다고 가정하면, 다른 항목이 바뀌어야 항등식이 성립할 것이다. 단, 어떤 항목이 늘어나고 줄어드는지 또는 어떤 항목이 변하지 않는지는 정확하게 알 수 없다.

그런데 이 수식의 어떤 항목이 이미 정수로 정해져 있다면 어떻게 될까? 이 경우, 어떤 항목이 정해지면 자동으로 다음 항

$$\underset{\text{통화량}}{M} \quad \underset{\substack{\text{유통속도} \\ \text{(돈의 회전율)}}}{V} \quad = \quad \underset{\text{물가수준(가격)}}{P} \quad \underset{\text{거래 횟수}}{T}$$

$$P \quad = \quad \frac{M \;\; V \;\; \text{(일정)}}{T \;\; \text{(일정)}}$$

▼

'통화량(M)이 증가하면 물가수준(가격)(P)이 상승한다'라는 인과관계가 성립한다.

화폐수량설의 항등식

목이 결정되는 함수로 바뀌게 된다. 화폐수량설은 이 항등식에서 유통속도인 V가 항상 일정하다고 보는 이론이다.

그리고 이 수식을 변형해서 P=MV/T라는 식으로 만들면, 이때 V는 일정하다고 가정하므로 변수는 M과 T가 되는데, 여기에서 T는 근사적으로 생산량이라고 볼 수 있다. 그런데 단기적으로 보면, 한 나라의 생산량은 크게 변화가 없으므로 T도 근사적으로 일정하다고 볼 수 있다. 그러면 이 수식은 항등식이 아니라, 화폐공급량 M의 변화에 따라 가격 P가 어떻게 달라지는지를 나타낸 함수로 바뀌며, 이에 **화폐공급량이 증가하면 가격 P가 상승한다는 인과관계가 성립한다.**

이 원리를 토대로 일본은행은 디플레이션에 빠진 일본의 물가를 올리기 위해 공급하는 통화량을 늘려야겠다고 판단했고 이에 양적완화책을 실시하게 된 것이다. 그런데 단순히 화폐를 늘린다고 경기가 좋아질 리는 없다. 단, 화폐수량설의 원리대로라면 일본은행이 돈을 공급하면 물가는 상승한다.

이에 모든 사람이 물가가 상승한다고 생각하면, 기대 인플레이션(Expected Inflation, 기업 및 가계 등의 경제 주체들이 현재 알고 있는 정보를 바탕으로 예상하는 미래의 물가상승률)과 금리 또한 올라간다고 생각하는 사람이 많아지는 것이다.

한편 단기적으로는 일본은행이 국채를 적극적으로 매입하면, 금리는 그대로 떨어진 상황을 유지할 것이다. 따라서 실질적으로 금리가 낮아진 것과 비슷해지고 돈도 빌리기 쉬워져 투자 또한 증가하는 구조가 된다.

물건값은 어떻게 결정될까?

경제학 전문가 중에는 이러한 생각을 부정하는 사람도 있다. 왜냐하면 물건값은 각 물건의 가치가 쌓여서 만들어진 것이지 통화량으로 정해지는 것이 아니라고 생각하기 때문이다. 이들은 화폐수량설을 믿지 않으므로 아베노믹스의 양적완화책에 대해서도 회의적인 입장이다.

이렇게 의견이 완전히 다른 사람끼리 토론하다 보면, 감정적으로 상대를 매도하기도 한다. 하지만 그럴수록 우리는 감정적인 논쟁이 되지 않도록 거리를 두어야 한다. 이것은 어디까지나 학설상의 논쟁에 불과하며, 오히려 현실은 두 가지 측면을 모두 갖고 있기 때문이다.

돈의 총량으로 물건값이 결정된다는 의미는 평상시의 지출 행동을 대입해보면 쉽게 이해된다. 예를 들어 우리는 소고기 가격이 올라가면 평소보다 싼 빵을 산다거나 술의 양을 줄이는 등 전체적인 식비 지출을 줄이는 방법을 선택한다. 하지만 화폐수량설의 원리로 생각해보면 통화량을 줄인다고 해서 내가 사지 못한 제품의 가격이 내려가고 전체 물가가 내려가는 일은 생기지 않는다.

그런데 우리는 꼭 갖고 싶은 물건이 있거나 필요한 것이 있으면, 다른 영향은 고려하지 않고 비싸도 꼭 사려는 경향이 있다. 화폐수량설을 부정하는 전문가는 이러한 상품이나 서비스가 증가하면 중앙은행의 의향과는 상관없이 물가는 올라간다고 보는데, 이는 물건값이 물건 자체나 사람의 구매 의욕에 영향을 받아 결정된다는 것을 의미한다. 이 또한 우리가 가진 심리 중 하나이다.

사람의 마음은 양면성이 있어서 아베노믹스를 둘러싼 논쟁은 단지 둘 중 어느 쪽을 중요하게 볼 것인지를 이야기하는 것에 불

과하므로 감정적으로 다투는 일은 의미 없는 행동이다.

아쉽게도 처음 예상했던 대로 경제가 움직이지 않았지만, 시장에 약간의 기대 인플레이션이 발생한 것은 사실이다. 이러한 의미에서 화폐수량설은 부분적으로는 맞는 이야기다. 하지만 시장도 활성화되지 않고 매력적인 상품과 서비스도 존재하지 않으면 소비로 환기되지 않는다는 것도 잊어서는 안 된다. 따라서 모든 것을 수량설로 설명할 수는 없다.

돈의 시대일까? 재화의 시대일까?

둘 중 어느 것이 옳다고 단정할 수 없지만, 어찌되었든 우리는 어떤 가치관을 우선할 것인지 정해야 한다. 왜냐하면 가치관의 차이는 우리가 의식하지 않아도 어떤 비즈니스를 선택하고 투자할 것인지, 어떤 인연을 맺을 것인지 같은 다양한 부분에 영향을 주기 때문이다.

화폐수량설 의견을 지지하는 사람은 경제 동향을 화폐적이라고 생각하는 경향이 있다. 즉 돈이 먼저고 재화나 서비스는 그 뒤에 따라오는 것이라고 본다. 이들 모두가 그렇다는 이야기는 아니지만, 대부분은 돈이 돈을 낳는 금융 서비스나 금융적 뉘앙스가 강한 비즈니스를 긍정적으로 보는 편이다.

반면 물건값을 정하는 건 물건 그 자체에 있다고 보는 사람은 특히 비즈니스적인 부분에 관심이 많다. 이들은 경기가 좋아지지 않는 이유를 금융정책이 아니라 매력적인 상품과 서비스가 없는 시장환경 때문이라고 생각한다.

둘 중 어느 쪽이 유리한지는 나라와 시대별 경제환경에 따라 다르다. 예를 들어 신흥국처럼 재화가 부족하여 국민이 새로운 상품을 원하는 경제환경이라면, 당연히 재화를 토대로 경제가 돌아간다. 예를 들어 중국은 최근 20년 사이, 과거 일본과 비슷한 속도로 크게 성장했는데, 중국의 억만장자는 대부분 제조업 같은 물품과 관련된 사업에 종사하는 사람이라고 한다.

그런데 경제가 어느 정도 성숙하는 시기가 오면 사람들은 더는 재화를 찾지 않게 된다. 이러한 사회에서는 돈의 영향력이 훨씬 큰 경향을 보이는데 이는 선진국의 경제환경이 대부분 화폐적이라는 것을 보면 이해할 수 있다. 따라서 금융 서비스 또는 금융과 관련된 사업을 하는 편이 훨씬 유리하다. 최근 몇 년간 중국의 부자들이 제조업에서 부동산이나 금융 같은 서비스업으로 많이 이동한 이유 또한 경제 구조가 변하고 돈의 위상이 높아졌기 때문이다.

하지만 이러한 경향이 영원하리라는 보장은 없다. 예를 들어 최근 공유 경제의 발달로 기존 재화나 서비스를 혼합하거나, 또는 이것을 공유하는 형태의 비즈니스가 급성장한 사회에서는 창업 시 큰 자본이 들어가지 않기 때문이다. 특히 최소한의 재화나 서비스를 혼합해도 큰 가치를 창출할 수 있어서 상대적으로 돈의 영향력이 적다는 특징이 있다. 앞으로는 단순히 금융적인 면을 강조한 비즈니스가 아니라, 사람들의 생활과 친숙한 재화나 서비스 쪽이 훨씬 유리한 시대가 다시 올 것이다.

LEARNING

물가
재화(財)나 서비스의 평균적인 가격을 말한다. 자주 사용하는 물가 지표로는 소비자물가지수(CPI)와 기업물가지수(CGPI)가 있다. 소비자물가지수는 최종소비자가 사는 단계의 물가를, 기업물가지수는 기업 간 거래단계의 물가를 나타낸다.

CULTURES OF CHAPTER

- 경제학은 사상과 비즈니스가 융합된 감정적인 학문이다.
- 경제예측이 맞는지는 아무도 모른다.
- 질과 양의 차이를 이해하고 전망이 좋은 부분에 집중해야 한다.
- 경제학을 활용하여 회사원보다 투자가가 훨씬 돈을 잘 벌 수 있음을 증명할 수 있다.
- 경제가 성숙해지면 사람들은 재화를 많이 찾지 않는다.

"시장을 분석하거나 비즈니스 계획을 세우고
투자 대상을 떠올리는 등, 우리는 일상생활에서 의식하지 않아도
귀납법과 연역법을 사용하고 있다.
이를 좀 더 능숙하게 사용할 줄 알면
사물을 분석하고 판단하는 능력이 크게 향상될 것이다."

제3장

돈에 관한 사고 판단력 배우기

MATHEMATICS

수학

SOCIOLOGY

ECONOMICS

MATHEMATICS

INFORMATION
ENGINEERING

PHILOSOPHY

HISTORY

수학적 감각은 '관계'를 파악하는 데 필요한 능력

상관관계와 인과관계

돈에 밝은 사람은 특히 '숫자에 밝다'는 특징이 있다. 내가 직접 겪어본 바에 따르면 자산 형성의 귀재들은 예외 없이 숫자에 밝은 편이었다. 게다가 이러한 특징이 있는 사람들은 '수학적' 사고 또한 뛰어난 경우가 많았다. 이 말은 '이과 계열 학교를 졸업했다'든가 '수학 점수가 좋았다'는 뜻이 아니다.

숫자에 밝은 것과 수학적 사고가 뛰어나다는 것은 사실 다른 이야기다. 이른바 문과 계열의 사람이 보기에는 의외라고 생각할 수 있지만, 이공계 사람 중에는 수학 실력은 뛰어나지만 '숫자에 어두운' 사람도 꽤 있다. 하지만 넓은 의미에서 둘 다 비슷한 타입이므로 이번 장에서는 함께 이야기해보고자 한다.

본문에서는 숫자에 밝거나 수학적 사고가 뛰어난 사람을 수학적 감각이 있는 사람이라고 정의했는데, 그만큼 수학적 감각과 돈을 버는 일은 떼려야 뗄 수 없는 관계라고 생각하면 된다. 다시 말하면, 자산을 형성하는 일과 수학적 감각 사이에는 어떤 '상관관계가 있다'는 뜻이다.

상관관계와 인과관계 구분하기

앞서 '상관관계가 있다'는 말을 했는데, 이 말을 어떻게 받아들이냐에 따라 수학적 감각이 있는지 없는지 알 수 있다. 세상에는 수많은 일이 발생하고 이를 사람들이 다양한 방법으로 분석한다. 그 결과를 우리는 정보로 받아들이고 이를 비즈니스나 투자에서 결정적인 판단을 내릴 때 활용한다. 이때 **'상관관계'와 '인과관계'의 차이점**이 무엇인지 생각해보아야 한다. 우리는 종종 상관관계와 인과관계를 혼동해서 완전 정반대의 결론을 내리기 때문이다.

예를 들어 회사 영업 활동 경우를 생각해보자. '실적이 좋은 영업사원은 고객을 방문하고 계약을 맺을 때까지 총방문 횟수가 적은 경향'이 있다. 나는 예전에 경영 컨설턴트 업무를 했던 경험이 있어서 이 말에 완벽하게 공감한다. 아마도 업종이나 업계에 상관없이 대부분 비슷할 것이다. 이 이야기를 수학적 감각으로 풀어보면 '영업성적과 계약을 맺기 전까지 방문한 총횟수 사이에는 어떤 상관관계가 있을 것이다'라고 해석할 수 있다.

상관관계는 어떤 일과 어떤 일 사이에 관계가 있다는 의미로, 이는 어디까지나 단순히 관련이 있다는 말에 지나지 않는다. 따라서 고객을 방문하는 횟수를 줄인다고 해서 영업성적이 올라가리라고 장담할 수 없다. 만약 방문 횟수를 줄였더니 오히려 영업성적이 좋아졌다면 이것은 상관관계가 아니라 인과관계가 되는 것이다.

이렇게 **어떤 상황을 분석할 때, 분석 대상끼리 상관관계가 있는지 또는 인과관계가 성립하는지 구별해야 한다.**

앞서 이야기한 우수한 영업사원의 경우, 고객에게 필요한 정보를 정확하게 제공했기 때문에 (예를 들어 자료 준비를 철저하게 하는 등의 일) 상대방이 제품을 사겠다고 결심하기까지 들어간 시간이 줄어서 결과적으로 방문 횟수도 줄어든 것이다. 따라서 단순히 방문 횟수와 영업성적 사이에 인과관계가 있는 것이 아니므로 방문 횟수를 줄인다고 실적이 올라간다고 해석할 수 없다. 그보다는 '고객을 방문할 때 준비한 자료 수준과 영업성적 사이에 인과관계가 있다'고 보아야 옳다.

제 3 장

테러가 발생해도 경제는 정체되지 않는다

이 주제는 좁게는 영업 활동에도 적용할 수 있고, 넓게는 국제 정세 같은 규모가 큰 이야기에도 적용할 수 있다. 2015년 11월, 프랑스 파리에서 동시다발적인 테러가 발생했는데, 이 때문에 경제 분야에서는 테러의 영향을 걱정하는 목소리가 많았다. 당시 사건 규모가 꽤 커서 전 세계 사람들이 주목했다. 그런데 최근 전 세계적으로 테러 건수가 급증하는 상황이라 한다.

미국 메릴랜드 대학의 조사에 따르면, 2014년에는 약 1만 7,000건의 테러가 발생했으며, 전 세계적으로 약 4만 4,000명이 사망했다고 한다. 2000년부터 2010년까지 평균 발생 건수는 연간 2,500건 정도로 그야말로 폭발적으로 증가하는 추세다. 그런데 테러는 끔찍한 일이지만, 이 사건으로 경제가 정체되는 일은 또 다른 문제다. 이제까지 발생한 테러 건수와 전 세계의 실질 GDP(국내총생산) 성장률의 관계를 살펴보면 인과관계는 물론 상관관계도 찾아볼 수 없기 때문이다.

여기에서는 자세히 다룰 수 없지만, 테러 발생 건수를 X축, 성장률을 Y축으로 하여 분포도를 엑셀로 정리해보면, 분포도가 퍼져 있는 것을 확인할 수 있다. 즉 둘 다 그 어떤 관계성도 발견할 수 없다는 의미다. 참고로 엑셀 함수로 상관계수를 살펴보면 마이너스 0.08이라는 계산이 나온다. 이는 거의 제로에 가까운 수치이므로 수학적으로도 상관관계는 거의 없는 셈이다. 따라서 테러가 증가하면 경제에 악영향을 끼친다고 걱정하는 것은 조금 성급한 생각이다.

한편 테러 발생 건수와 비교해서 뚜렷한 상관관계를 보이는 숫자가 있다. 바로 미국의 군사비 증가율이다. 테러 발생 건수와 미국의 군사비 증가 속도(1년간 증가율)의 상관관계를 살펴보면, 마이너스 0.5라는 수치를 확인할 수 있다. 이는 미국의 군사비가 증가하면 테러 발생 건수가 줄어드는 상관관계가 있다는 것을 의미한다. 실제로 그래프를 그려보면 군사비가 증가하면 테러가 줄어드는 모습을 확인할 수 있다. 따라서 미국의 군사비와 테러 발생 건수는 마이너스 상관관계에 있다고 볼 수 있다.

상관관계를 알았다면, 그다음 중요한 것은 인과관계다. 이 데이터만으로는 인과관계가 있는지 불분명하므로 우리는 추측할 수밖에 없다. 이때 중요한 것은 사실과 추측을 확실하게 구분해야 한다는 것이다. 사실(팩트)은 마이너스 상관관계만 있을 뿐이며 인과는 우리의 추측에 불과한 것이므로 이 부분을 착각하지 말아야 한다.

미군이 활발히 활동하면 테러 자금원이나 조직이 와해될 가능성이 커진다. 따라서 미군의 활동과 테러 발생 건수 사이에 인과관계가 있다고 볼 수 있지만, 중요한 것은 이 추측이 백 퍼센트 맞는다고 단정 짓지 않는 것이다. 미군의 군사비가 늘어났다고 해서 반드시 테러 건수가 줄어든다고 생각하는 것은 위험하다. 이는 테러 활동이 활발해져서 미군이 군사비를 늘린 것일 수도 있기 때문이다. 대신 보도기사 등 정성적인 정보로 미국이 군사비를 늘린 이유를 확인하고 이를 활용하여 인과관계를 검증해야 한다.

이때, 수학적 감각이 있다면 주변에 널려 있는 정보에 휘둘리지 않고 냉정하게 판단할 수 있다. 최종적으로 비즈니스와 투자의 성패를 가르는 것은 지식이 아니다. 왜냐하면 알고 있는 지식을 총동원해도 풀 수 없는 문제가 있기 때문이다. 그러나 수학적 감각이 있으면 일방적인 정보에 휘둘려 감정적으로 판단하는 일은 없을 것이며 잘못된 판단을 내리는 횟수도 줄어들어 결국에는 큰 이익을 얻을 수 있을 것이다. 자산을 모을 때, 작은 실수를 줄이는 일은 항상 중요한 문제다. 이런 의미에서 인문학을 배워야 한다.

LEARNING

상관계수
두 개의 변수가 어떤 관계가 있는지 나타내는 수치로, 마이너스 1부터 플러스 1까지의 수를 말한다. 상관계수가 0인 경우, 둘 사이에 관계성은 없으며 플러스의 경우, 한쪽이 증가하면 다른 한쪽도 증가하는 관계가 된다.

'숫자'를 맹신하지 않는 계산 능력 키우기

딱 떨어지는 숫자의 의미

수학적 감각이 있으면 말의 뉘앙스에 따라 달라지는 수많은 정보에 휘둘리지 않고 융통성 있는 판단을 할 수 있다. 자산가로 성장할 가능성이 있는 사람은 어떤 이야기를 보고 들으면 곧바로 '정말일까?'라며 의심하고 하나하나 검증하려 한다. 이러한 습관이 있으면 비즈니스 기회를 바라보는 시각도 크게 바뀔 것이다.

자율주행차의 사고율은 높을까?

최근 자율주행에 관한 사람들의 관심이 높아지고 있다. 우리가 자율주행 시 가장 걱정하는 부분은 아무래도 안정성일 것이다. 2015년 7월에 자율주행 분야에서 최고를 자랑하는 미국 구글의 자율주행차 사고 뉴스가 화제가 된 적이 있다. 이 소식을 듣고 아마 수학적 감각이 있는 사람이라면 뉴스의 핵심을 단번에 알 수 있었을 것이다.

구글은 2015년 7월, 신호대기 중인 자사의 자율주행차를 뒤에 서 있는 차량이 들이받는 사고가 발생했고 이 사고로 직원 세 명이 크게 다쳤다고 보고했다. 이 사고에서 자율주행차 측의 책임은 없으며 단순한 추돌사고였다고 설명했다. 또한 구글은 6년간 14건 정도의 사고가 있었다는 사실도 함께 공표했다.

예전부터 자율주행차 사고가 있다는 소문이 돌긴 했지만, 이번 구글의 사고를 계기로 '역시 자율주행은 위험하다'는 이미지가 생긴 것이다. 이에 사고 횟수가 14건이라는 소식을 듣고 자율주행차의 위험성을 우려하는 목소리가 나오는 것도 당연하다. 하지만 위험하다는 건 사실일까? 이 의구심을 검증하려면 수치를 객관적으로 분석해보아야 한다.

사고 횟수가 많은지 적은지 사고율의 정도를 평가할 때는 거리를 얼마나 주행했는지 따져보아야 한다. 왜냐하면 총 달린 거리는 100킬로미터인데 그사이 사고가 14건이었다는 것과 1만 킬로미터를 주행하는 사이 14건이 발생했다는 것은 많은 차이가 있기 때문이다.

구글은 2009년부터 자율주행차 개발을 시작했는데 2014년 부터는 공도(公道)에서 직접 시범 주행하기 시작했다. 주행 누적 거리는 약 180만 마일(약 290만 킬로미터)로 확률적으로 따지면 약 21만 킬로미터를 달렸을 때 1건의 사고가 발생한다는 의미다. 따라서 안정성을 판단하려면 이 수치가 많은지 적은지 검증해야 한다.

먼저, 미국의 자동차 사고 발생률은 50만 킬로미터당 1건 정도라고 하는데, 이를 기준으로 하면 구글의 자율주행차 사고율은 높은 편이다. 단, 이 수치는 초기 단계의 실험 주행을 포함한 수치이므로 시간이 지날수록 계속 올라갈 가능성이 크다. 현 시점에서는 이미 평균치를 웃돌고 있을 가능성도 있다.

한편 일본의 사정은 어떠할까? 아쉽게도 일본에서는 자동차 사고 발생률에 딱 들어맞는 통계 데이터가 아직 부족한 상태다. 하지만 그렇다고 포기할 수 없다. 이와 관련된 정보를 토대로 추정은 가능하기 때문이다. 많은 사람이 이 단계에서 포기하는 경향이 있지만, 바로 이때를 기회로 보고 도전해야 한다.

주어진 정보를 전부 믿지 마라

사고 발생률 수치를 추정하려면 사고 건수에 관한 정보가 필요하다. 흔히 교통사고 통계라고 하면 경찰의 도움을 받으려고 하기 쉽지만, 이는 생각보다 쉬운 일이 아니다. 왜냐하면 사고로 접수되지 않는 경우도 생각보다 많아서 실제 사고 건수와 괴리가 생길 가능성이 있기 때문이다. 차라리 보험회사의 통계를 살펴보는 편이 훨씬 좋은 결과를 얻을 수 있다. 차량 보험은 아주 작은 사고라도 지급 대상이 되기 때문이다.

손해보험업계가 공표한 데이터에 따르면, 2012년에 총사고 건수는 약 690만 건이었다. 데이터 수치로 볼 때, 수학적 감각이 있는 사람은 이 수치를 무조건 사용하지 않는다. 그 수치가 정말로 정확한 것인지 직감적으로 판단할 수 없기 때문이다. 이를 믿고 사용하려면 다른 방법을 적용해도 비슷한 수치가 나와야 할 것이다.

지금은 사고 건수만 알고 싶은 것이므로 보험회사가 지급한 보험금과 한 건당 평균 지급액을 알면 사건 발생 건수를 역산할 수 있다. 먼저 보험회사가 1년 사이 지급한 자율주행차의 보험금은 1조 9,000억 엔 정도가 된다는 것을 알 수 있었다.

통계상 가장 발생 건수가 많은 차량 보험의 평균 지급액은 약 24만 엔이었다. 이 수치는 자동차를 소유한 사람이라면 피부에 와 닿을 것이다. 따라서 보험금액 1조 9,000억 엔을 24만 엔으로 나누면 792만 건이라는 수치가 나오는데, 계산상 문제가

<구글>의 자율주행차 시험 사고 건수
290km당 14건 =21만km당 1건의 사고 발생률

<미국> 사람에 의한 자동차 사고 발생률
50만km당 1건의 사고 발생률

<일본>의 통계는 없지만… 진짜?
2012년 사고 총건수: **690만 건** (손해보험업계 전체)

보험회사가 지급한 보험금 총액: **1조 9,000억 엔**
차량 보험 평균 지급액: **24만 엔**
1조 9,000억 엔 ÷ 24만 엔 = 792만 건

업계 통계와 비슷해짐

일본의 차 한 대당 평균 주행거리: **2만km**
일본의 차 대수: **7,500만 대**

7,500만 대 x 2만km ÷ 690만 건
= 22만km당 1건의 사고 발생률

거시적 통계는 우선 수치가 잘 맞는지 확인해야 한다.
결론: 구글의 자율주행 기술은 투자나 사업화할 만하다!

자율주행차와 일본과 미국의 자동차 사고 발생률 추계비교

없으므로 이는 틀리지 않았다고 보아도 무방하다. 이렇게 사고

발생 건수를 알았다면, 다음 단계에서는 이것이 자동차 주행거리와 일치하는지 확인해야 한다.

먼저 국토 교통성의 통계를 보면 자동차 수는 약 7,500만 정도로 이 중에서 자가용은 연간 약 1만 킬로미터, 업무용은 연간 약 6만 킬로미터를 달렸으며, 여기에 업무용과 자가용 대수 비율을 더한 평균 주행거리는 2만 킬로미터가 된다. 이를 사고 건수 수치에 적용하면 일본의 경우, 22만 킬로미터당 1건 비율로 사고가 발생한다는 계산이 나온다.

이는 대략적인 계산 수치이지만, 수치가 어느 정도 맞는다는 것이 중요하다. 특히 미국의 50만 킬로미터당 1건이라는 수치와 비교했을 때 아주 많이 동떨어진 수치가 아니므로 이를 참고치로 사용해도 좋다. **이러한 거시적인 통계는 우선 수치가 맞는지 확인하는 것이 중요하다.**

구글의 자율주행차는 21만 킬로미터당 사고가 1건 발생했지만, 미국 전체로 보면 50만 킬로미터당 1건의 사고가 발생했다. 이에 비해 일본은 22만 킬로미터당 1건의 비율로 사고가 발생했다. 따라서 구글의 자율주행차 사고율은 미국 전체 비율과 비교하면 높은 편이지만, 아직 시험단계라는 점을 고려하면 생각보다 위험한 것은 아니다.

객관적으로 보면 구글에서 발생한 14건이라는 사고 수치는 나쁜 성적이 아니다. 실험 단계에서 이 정도 성과라면 실제로 자율주행이 실용화되었을 때 평균적인 사고율은 훨씬 내려갈 수 있기 때문이다. 만약 이 소식을 자율주행 분야에 대한 투자나 비즈니스를 생각하는 사람이 들었다면, 그 사람의 수학적 감각이 어느 정도인지에 따라 앞으로의 행동은 완전히 달라질 것이다. 사고 건수에 과잉 반응하는 사람이라면, 자율주행은 위험하니까 앞으로 상용화될 때까지 좀 더 지켜봐야겠다는 판단을 내릴 것이다.

그런데 수치를 비교하면 14건이라는 횟수가 꼭 위험하다고 단정할 수는 없다. 따라서 수치를 중시한다면 투자나 사업은 그대로 계속 진행해도 괜찮을 것이다. **중요한 것은 어떤 정보가 공개되었을 때, 그 정보의 뉘앙스만으로 상황을 판단하지 않는 것이다.** 말의 뉘앙스에 휘둘리지 말고, 수치를 사용해 검증하는 편이 좋다. 또한 완벽하게 맞는 통계 데이터가 없어도 어느 정도 맞으면 된다는 융통성을 갖고 접근해야 한다.

MATHEMATICS

금융공학을 활용해서 주가를 예상할 수 있을까?

랜덤 워크 가설

　수학적 감각과 돈의 관계를 말할 때 투자이론·금융이론 이야기를 빼놓을 수 없다. 최근에는 금융공학의 발달로 수학적·물리학적 방법을 활용한 투자이론이 많이 등장했는데, 실제로 이러한 수법을 활용하고 있는 헤지펀드(hedge fund: 주식, 채권, 파생상품, 실물자산 등 다양한 상품에 투자해 목표 수익을 달성하는 것을 목적으로 하는 펀드)에서는 이과계 출신자를 많이 채용하고 있다. 금융공학적인 투자이론에 관한 책을 읽으면 수식의 향연이어서 이 분야를 잘 모르는 사람은 지레 겁을 먹고 포기하기 쉽다.

이러한 새로운 이론의 중심은 금융공학이지만, 사실 금융공학을 공부했다고 꼭 투자에 성공하는 것은 아니다. **왜냐하면 공학에서 배운 지식을 토대로 보면, 남들보다 먼저 투자로 이익을 보는 일은 불가능한 이야기이기 때문이다.** 이 때문에 금융공학의 성과를 완전히 믿는 사람일수록 투자는 불필요하다며 미리 포기하는 경향이 있는 것이다. 그들은 기껏해야 닛케이 평균 등 지수 연동형 상품을 소소하게 운용하는 경우가 많다.

하지만 현실에서는 적극적인 투자가가 넘치기에 수많은 펀드가 존재한다. 이 말은 곧 투자는 직접 내 돈을 이용해 금융공학의 빈틈을 느껴보는 일이라 할 수 있겠다. 따라서 금융공학의 포용 범위가 어디까지인지 이해하는 것이 중요하다.

전 세계에서 가장 유명한 투자가인 조지 소로스와 워런 버핏은 철학적인 식견이 상당한 사람들로 알려져 있는데, 특히 소로스는 원래 철학자가 꿈이었다고 한다. 둘 다 금융공학에도 상당한 지식이 있는 만큼, 이들의 투자 활동은 금융공학의 성과를 어디까지 부정할 수 있을지 보여주는 것과 같다. 역설적이지만, 이처럼 금융공학적 지식을 반면교사로 활용하면 훨씬 좋은 성과를 이룰 수 있다.

투자이론을 간단히 분류하면?

세상에는 금융공학을 활용해 투자하는 사람, 또는 본인의 경험을 활용하는 사람, 그리고 남들과 다른 경지에 있는 대단한 투자가 등 다양한 타입의 투자가가 있다. 유형이 다양한 만큼 투자이론을 간단히 분류할 수 없지만, 크게 다음과 같이 두 가지 대립축으로 정리할 수 있다.

① 주가의 움직임에 법칙성이 있는가?
② 시장의 효율성을 어떻게 생각하는가?

투자이론의 최대 쟁점은 ①에서 정리한 것처럼, 주가의 움직임에 법칙성이 있는지 그리고 법칙성이 있다면 주가는 예측할 수 있는지에 관한 문제가 될 것이다.

투자이론 중에는 **기술적 분석**(technical analysis)이 있는데, 이 분석법은 주가에 법칙성이 있다고 보고 과거의 주가 동향을 토대로 미래 동향을 예측하는 방법을 말한다. 주식 관련 서적이나 투자 사이트에서 흔히 볼 수 있는 주가 차트를 활용한 분석이 전형적인 기술적 분석이다. 특히 과거 주가의 시세 변동을 토대로 미래 주가를 예측할 수 있다고 본다.

한편 이와는 정반대 방법으로 **기본적 분석**(fundamental analysis)

이라는 것이 있는데, 이 분석 방법은 주식투자 분야에서 기술적 분석과 비슷하게 많이 사용되지만, 기본적으로 주가의 세세한 움직임은 예측할 수 없다고 보는 쪽이다. 따라서 기본적 분석은 원칙적으로 기업의 업적만을 예상하고 여기에서 얻은 이론적인 주가를 제시하기만 한다.

이어서 이른바 큰손으로 불리는 특정 세력이 시장을 조정한다고 생각하는 투자가도 있는데, 이러한 관점을 가진 사람들은 대개 시장이 인위적으로 움직이고 있다고 생각한다. 넓은 의미로 이 또한 주가에 법칙성이 없다고 보는 관점에 가깝다. 이들 중에서 주가는 예측 불가능하다고 생각하는 경향이 강한 것은 금융공학이다.

금융공학의 핵심 이론 중에 **랜덤 워크**(random walk) **가설**이 있는데, 이 가설은 주가의 움직임은 기본적으로 무작위(랜덤)이며 사전에 예측하는 것은 불가능하다고 주장한다. 특히 주가의 움직임을 단기적으로 살펴보면 물리학 분야에서 볼 수 있는 분자의 움직임(브라운 운동: 액체 혹은 기체 안에 떠서 움직이는 작은 입자의 불규칙한 운동)과 매우 비슷한 양상을 보이는데 이러한 무작위성을 주가 분석에 응용하는 것이다.

다시 말해서 주가의 움직임이 무작위라는 의미는 다음에 올 주가가 바로 이전의 주가와 아무런 상관관계가 없다는 것을 말한다. 이는 과거 주가의 움직임으로 미래 주가를 예측할 수 없다는 뜻이 된다. 따라서 이 이론은 주가의 움직임을 예측할 수 있다고 보는 기술적 분석 이론과는 전혀 다른 시각이라 볼 수 있다.

이어서 투자이론의 두 번째 쟁점은 ② 시장의 효율성에 관한 것이다. 요컨대 시장은 완벽하므로 불완전한 것이 없다고 보는 시각과 이와는 반대로 결함이 있다고 보는 시각 사이의 논쟁이라고 할 수 있다.

랜덤 워크 가설과 함께 금융공학의 기초이론 중에는 **효율적 시장 가설**(efficient market hypothesis)이 있다. 이 가설은 경제학자 **유진 파마**(Eugene Fama, 1939~)가 만든 이론으로, 시장은 기본적으로 '가격은 이용할 수 있는 모든 정보를 반영하여 형성된다'고 보는 이론이다.

이 가설에서는 만약 시장이 효율적이라면 주가는 과거의 주가나 재무 정보 같은 모든 정보를 즉각 반영하여 형성될 것이기에 과거의 주가는 미래 주가에 영향을 끼치지 않는다고 본다. 이에 현재의 재무 상황과 이를 토대로 한 미래 전망에는 합리적인 기대가 형성되고, 따라서 저가주(같은 업종이나 다른 업종에 비해 상대적으로 싼 주식으로 경영이 부실한 회사나 대형주에 많은 주식)가 방치될 가능성도 거의 없으며, 재무 정보를 찾아보는 일도 무의미하다는 결론을 내린다.

이렇게 되면 효율적 시장 가설을 믿는 투자자에게 기술적 분석과 기본적 분석은 큰 의미가 없으며 인덱스 펀드(index fund: 선정된 목표지수와 같은 수익을 올릴 수 있도록 하는 펀드) 외에는 적절한 투자 방법은 없다는 결론이 나온다. 이를 정리해보면, 주가의 법칙성 여부를 두고 의견 차이가 존재하며 법칙성이 없다고 생각하는 사람들끼리도 시장의 효율성을 보는 시각에 의견 차이가 있다는 것을 알 수 있다.

주식투자는 대어를 노리는 것

앞서 이야기했듯이 기술적 분석은 주가에 법칙성이 있다고 보지만, 기본적 분석은 주가에 법칙성이 없어 시장이 비효율적이고 빈틈이 생기기 쉬워 돈을 벌 기회가 널려 있다고 본다. 따라서 시장이 형성될 때마다 문제가 발생해서 시장 형성은 힘들지만, 시장의 문제점을 수정하는 사이에 생긴 빈틈을 노린다면 남들보다 먼저 돈을 벌 가능성이 커지는 것이다.

앞서 예로 들었던 워런 버핏이나 조지 소로스 등의 유명한 투자가의 경우, 대개 이 방법을 사용하고 있다. 소로스는 과거 영국 정부의 개입으로 펀드 가격이 올라갈 것으로 예상하고(실제 가격과 괴리가 있다고 판단) 대규모로 펀드를 팔아 큰 이익을 얻었다.

주가의 움직임을 학술적으로 검증하면 단기적으로는 대개 랜덤 워크 형태를 하고 있다. 그래서 금융공학에서 제시한 이론은 언뜻 보면 정확한 듯 보이는 것이다. 하지만 남들보다 돈을 많이 벌 기회는 랜덤 워크가 아닌 다른 형태에 숨어 있다. **안정적으로 이익을 얻고 싶다면, 금융공학 이론에 맞춰 과한 투자는 하지 않되, 그중에서도 닛케이 평균 등 인덱스에 투자하는 것이 가장 좋은 방법이다.** 하지만 이 방법으로 얻는 이익은 평균 수준에 불과하고 큰돈을 벌기에는 무리가 있다.

일부러 리스크를 감수하고 주식에 투자했지만 중박만 터뜨리는 상황이라면 그만큼 아쉬운 일도 없을 것이다. 리스크를 감수하고 큰 이익을 얻을 가능성을 선택했다는 것은 나름 합리적인 선택이기는 하다. 실제로 나도 이 방법으로 수익을 냈던 경험이 있기 때문이다. 그러나 이 투자 방식은 일정 수준의 리스크를 동반한다는 사실도 잊지 말아야 한다.

LEARNING

브라운 운동

용매 안에 떠 있는 미립자가 불규칙하게 지그재그로 운동하는 현상. 열운동하는 용매 분자의 불규칙한 충돌로 발생한다. 이 운동의 발견으로 분자나 분자의 존재를 증명하는 길이 열렸다.

상식으로는 이해 안 되는 것도 풀어주는 수학 활용법

아인슈타인의 상대성이론

수학적 감각이 있으면 상식으로는 이해 안 되는 것도 수식이나 모델로 정리하면 갑자기 단번에 이해될 때가 있다. 우리가 사는 세상에는 때때로 전혀 이해할 수 없는 현상이 발생하지만, 이럴 때 수학적 감각이 있으면 눈앞에 있는 비즈니스 기회를 잡을 수 있다. 따라서 굴러들어온 기회를 놓치지 않기 위해서라도 수학적 감각은 익혀두는 것이 좋다.

요즘 전 세계적으로 유명한 억만장자의 대부분은 IT 기업계의 창업자들이다. 예를 들어 마이크로소프트의 빌 게이츠나 구글의 래리 페이지와 세르게이 브린, 테슬라 모터스(현재 테슬라)의 일론 머스크, 아마존의 제프리 베이조스가 바로 이러한 타입의 대표적인 인물들이다.

그들은 단순히 IT 마니아에 프로그래밍을 잘해서 여기까지 성공한 것이 아니다. 여기에는 **IT를 활용해 세계를 마음대로 통제하겠다는 야심과 우리 눈에 보이지 않는 공통적인 법칙을 발견하여 세상의 진리를 밝혀내고 싶다는 수학적 감각이** 작용한 것이라 보면 좋을 것이다. 실제로 베이조스는 원래 물리학을 지망했었고, 머스크는 고에너지 물리학을 전공(학교는 이틀밖에 나가지 않았다고 한다)했다고 한다.

비즈니스 세계에서는 프로그래밍 능력보다도 이러한 수학적 감각이 훨씬 중요하다. 이 감각이 있으면 훨씬 다양한 곳에 능력을 발휘할 수 있기 때문이다.

아인슈타인도 이해하지 못했던 것?

이와 관련된 이야기를 해보자면, 우리의 상식을 완전히 벗어난 과학 이론으로 **상대성이론**(Theory of relativity)이라는 개념을 빼놓을 수 없다.

상대성이론은 물리학자인 **알베르트 아인슈타인**(A. Einstein, 1879~1955)이 고안한 현대물리학의 기초이론으로 아인슈타인과 상대성이론이라는 단어는 누구든 한 번쯤은 들어본 적 있을 것이다. 그런데 상대성이론으로 해석되는 세계관은 우리들 상식으로는 전혀 이해할 수 없다. 간단히 설명하면, 매우 일정한 속도로 움직이는 사물의 길이와 그곳의 시간은 정지한 사람이 볼 때는 원래 길이보다 짧아지거나, 시간이 느리게 가는 것처럼 보인다는 것이다.

이때 중요한 것은 이 현상은 어느 쪽에서 봐도 성립한다는 것이다. 예를 들어 정지하고 있는 A와 달리고 있는 B가 있다고 하자. 이때 B는 A에게서 멀어지고 있으므로 A가 보기에 B의 시간 진행은 본인보다 느리게 가는 것처럼 보인다. 반면 B가 보기에도 A 역시 멀어지고 있으므로 B가 보기에는 A의 시간 진행이 본인보다 느리게 가는 것처럼 보인다. 따라서 이 두 상황을 동시에 확인하는 것은 전혀 다른 시간이 동시에 존재한다는 의미가 된다.

이것은 상식적으로 있을 수 없는 일로, 설명하고 있는 나도 이해하기 어렵다. 그렇다면 이 이론을 주장한 아인슈타인은 시간의 진행이 상황에 따라 달라진다는 것을 과연 이해했을까?

물론 아인슈타인에게 직접 물어본 사람이 없어서 확실한 건 알 수 없지만, 아마도 아인슈타인 본인도 이 이론을 이해하지 못했을 것이다.

그렇다면 아인슈타인은 본인도 이해하지 못하는 이론을 어떻게 떠올렸을까? 이는 **직감적인 편견을 배제하고 논리적으로 철저하게 이치를 따져보았기에 가능한 일**이었다.

상대성이론은 연역적 사고방식과 귀납적 사고방식의 훌륭한 교과서

상대성이론은 언제 어디에서나 빛의 속도는 일정하게 관측된다는 가정하에 어떤 수단과 방법을 동원해도 빛의 속도를 뛰어넘을 수 없다는 가설(광속도 불변의 원리principle of constancy of light velocity)에서 비롯된 것이다. 그런데 상식적으로 생각하면 이 실험의 결과와 가설은 어딘지 이상하다.

예를 들어 시속 100킬로미터의 전차에서 시속 100킬로미터 속도로 야구공을 던지면 그 공의 시속은 200킬로미터가 될 것이다. 이는 너무도 당연해서 이해할 것이다. 그렇다면 시속 100킬로미터 전차에서 손전등을 들어 빛을 전방에 비추면 그 빛은 빛의 속도+시속 100킬로미터가 나와야 한다. 그런데 실제로 관측해보면 빛의 속도밖에 나오지 않는다. 이는 상식적으로는 말도 안 되지만 빛의 속도는 뛰어넘을 수 없다는 것을 보여준다.

보통 사람은 이 실험 방법이 틀렸다고 생각하겠지만 아인슈타인은 달랐다. 그는 몇 번이나 시도해서 결과가 똑같았다면 그 실험은 틀리지 않았다고 생각했다. 그리고 이를 토대로 광속도

불변의 원리라는 가설을 세웠고 이 가설이 옳다는 전제하에 기존의 물리학 법칙에 모두 대입했다(예를 들어 대입한 결과가 말도 안 되는 것이어도 밀어붙였다).

참고로 속도는 거리(길이)를 시간으로 나눈 것이다. 빛의 속도를 어떻게 해도 뛰어넘을 수 없다면, 속도가 빠르면 빨라질수록 길이가 짧아지든가 시간이 길어져야 말이 된다. 이렇게 움직이는 사물의 길이는 짧아지고 시간의 진행은 느려진다는 결과를 도출한 것이다(로렌츠변환Lorentz transformation).

상식적이지 않은 결과이지만, 아인슈타인은 이 원리를 다양한 물리법칙에 적용하여 E=mc2라는 식을 만들었고 더 나아가 원자폭탄을 만들 수도 있다고 예언했다. 실제로 이 계산식에서 도출한 것과 똑같은 에너지를 가진 원자폭탄이 만들어졌고 이에 사람들은 아인슈타인의 계산이 맞았다고 인정해야 했다.

이때 중요한 것은 **상식적으로는 이해할 수 없어도 하나의 가설을 근거로 기존 상식에 매몰되지 않고 논리적으로 접근했다**는 것이다. 가설이 상식에 맞지 않은 내용이어도 그 가설에서 도출한 결과가 실험 결과와 부합했으므로 실험 과정은 틀리지 않은 것이다. 즉 아인슈타인은 하나의 가설을 세운 다음, 그것을 철저하게 '연역적'으로 파고들어 큰 성과를 얻은 것이다. 심지어 처음 세운 가설은 실험 몇 개가 같은 결과였다는 것을 근거로 삼은 것이었다. 따라서 이는 '귀납적'으로 얻은 결과인 셈이다. 아인슈타인은 귀납적으로 얻은 가설을 토대로 철저하게 연역법을 대입하여 따졌고 결국 진리에 도달했다.

귀납과 연역에 대해서는 다음에 설명하겠지만, 이는 우리가 사물의 이치를 따질 때 꼭 필요한 사고법이다. 이 둘 중 어느한쪽에 치우쳐서는 안 되며 모든 것을 적절하게 사용해야 진가가 발휘된다. 그리고 이 두 가지 방법을 완벽하게 활용한 것이 상대성이론이다.

단, 아무리 이론이 중요해도 여기에만 의존하면 감정에 흔들려 사고에 집중할 수 없다. 그럴 때 수학적 감각이 있으면 '수학 문제처럼 차근차근 풀어볼까?'라는 마음가짐으로 나름의 법칙을 대입해 문제를 풀 수 있을 것이다.

LEARNING

원자폭탄
질량과 에너지는 등가라는 상대성이론을 응용한 병기. 우라늄235 등을 원자 핵분열하면, 이때 생긴 물질의 질량은 분열 전의 물질의 질량보다 조금 줄어드는데 그 값의 차이가 폭발 에너지가 된다.

연역법을 잘 활용하는 사람이 부자가 된다

연역법과 귀납법

앞서 아인슈타인의 상대성이론이 귀납법과 연역법의 훌륭한 교과서라고 설명했는데, 이번에는 귀납법과 연역법을 좀 더자세히 살펴보도록 하겠다. 이 두 가지는 자산가를 목표로 하는사람에게 매우 중요하기 때문에 잘 알아두는 것이 좋다.

아이도 본능적으로 사용하는 귀납법

귀납법은 다양한 일을 관찰하여 공통점을 발견하고 그것을일반적인 법칙에 적용하는 사고방식을 말한다. 예를 들어 부자의 행동에 관해 쓴 책을 보면 '부자는 시간을 낭비하지 않아서 부자가 되었다'라는 글귀가 눈에 들어온다. 여기에는 대개 '시간을 낭비하지 않으면 부자가 된다'라는 법칙이 성립하는데 이것이 바로 귀납법이다.

귀납법은 많은 사람에게 익숙한 사고방식으로 시장 분석 등에도 자주 사용된다. 그래서 일부러 노력하지 않아도 일상생활에서 자연스럽게 귀납법적 사고방식을 활용하는 경우가 많다. 심지어 아이조차 이 방법을 사용하여 다른 사람을 설득하기도 한다. 예를 들어 아이가 부모에게 장난감을 사달라고 조를 때를 생각해보자. 아이는 '켄이랑 유미랑 코이치도 가지고 있단 말이야'라고 말하며 떼를 쓰는데 바로 이때 자기도 모르게 귀납법을 사용하여 일반화하는 것이다.

한편 연역법은 이와는 정반대의 사고법을 말한다. 예를 들어 'A라면 B', 'B라면 C'라는 논리를 펼쳐 최종적으로 결론에 도달하는 방법을 말한다. 가령 '인간은 반드시 모두 죽는다'라는 이론이 있다고 하자. 이어서 '나는 인간이다'라는 이론이 있다. 그러면 '나는 반드시 죽는다'라는 결론이 도출되는 것이다.

앞서 언급한 '시간을 낭비하지 않아서 부자가 되었다'라는 이야기에서 만약 이것이 사실이라면 다음과 같은 흐름이 될 것이다. '시간을 낭비하지 않으면 부자가 된다' → '나는 시간을 낭비하지 않는다' → '나는 부자가 될 것이다'라는 결론이 성립하는 것이다.

연역법은 돈을 낳는 발상법

시장을 분석하거나 비즈니스 계획을 세우고 투자 대상을 떠올리는 등, 우리는 일상생활에서 의식하지 않아도 귀납법과 연역법을 사용하고 있다. 이를 좀 더 능숙하게 사용할 줄 알면 사물을 분석하고 판단하는 능력이 크게 향상될 것이다.

나는 이제까지 수많은 자산가를 보았는데 대부분 이러한 이론적 사고를 잘 활용하는 사람들이었다(간혹 자산가 본인은 귀납법과 연역법이라는 말을 모르는 사람도 있지만, 개념 자체는 몸에 익은 사람도 있었다). 그중에서도 특히 연역법을 사용하는 능력이 뛰어났다. 이에 비해 귀납법은 아이도 무의식적으로 사용할 정도로 간단하고 쉬운 편이다. 게다가 일본은 암기 위주 공부로 이미 귀납법적 훈련을 하며 자란 사람이 대부분이라 일상생활에서 자연스레 귀납법을 익힌 사람이 많을 것이다.

한편 연역법은 사람마다 습득 수준이 천차만별이라서 귀납법과 동시에 연역법을 활용할 줄 아는 사람이 훨씬 유리하다. 대부분은 귀납법 하나만 활용하고 있기 때문이다. 귀납법은 좀 전의 아인슈타인처럼 가끔은 결과가 좋을 때도 있지만, 사실 지극히 당연하고 상식적인 결과에 불과하므로 남들과 크게 다르지 않아 큰 소득은 얻기 힘든 방법이다. 그러니 남보다 많은 돈을 벌고 싶다면, 그들에게는 없는 독특한 발상을 할 줄 알아야 한다. 즉 연역법을 능숙하게 쓰는 사람이 자산가가 될 가능성이 훨씬 큰 것이다.

까마귀가 까만 이유를 증명하기

귀납법과 연역법을 활용할 때 몇 가지 주의사항이 있다. 이를 잘 지키지 않으면 이제까지 들인 노력이 물거품이 될 수 있으니 조심해야 한다.

첫째로 귀납법에서는 질적으로 좋은 사례를 활용하는 것이 중요하다. 예로 든 이야기 개수가 너무 적거나, 또는 한쪽에 치우치면, 도출한 일반론이 가설 전체를 반영하지 못할 수 있다. 따라서 너무 독특한 것은 고르지 않도록 항상 주의해야 한다.

간혹 대중매체에서 실시하는 여론조사 등에서 샘플의 질이 문제 되는 경우가 있다. 여론조사는 대부분 무작위로 전화하는 것이어서 통계적으로 앙케트 응답자가 편향적이지 않은지 확인할 길이 없다. 인터넷을 사용한 시장조사도 비슷한데, 특정 사이트를 활용하면 샘플이 편향적일 수 있지만, 이 또한 확인할 수 없다.

이렇게 시장조사는 대개 귀납법을 활용하므로 자료가 편향적이지는 않은지 꼭 확인해야 한다. 이런 문제 때문에 귀납법이 정말로 과학적인지를 두고 한차례 논쟁이 있었다. 오스트리아 출신의 영국 철학자 **칼 포퍼**(Karl Raimund Popper, 1902~1994)는 저서에서 귀납법은 과학이 아니라고 정의 내렸는데, 그는 특히 '모든 까마귀는 검다'라는 명제를 이용하여 귀납법이 과학이 아닌 이유를 증명하고자 했다.

예를 들어 검은 까마귀 열 마리를 발견하고 이를 귀납적으로 '모든 까마귀는 검다'라는 결론을 내도 까마귀가 검다는 사실은 증명할 수 없다. 왜냐하면 이 세상의 모든 까마귀를 모으는 것은 불가능하며, 하얀 까마귀가 존재할 가능성이 아예 없다고 할 수 없기 때문이다. 그는 이런 의미에서 진정한 과학은 반증의 여지가 없는 완벽한 것이어야 한다고 주장했다.

이 이야기는 극단적이지만, 귀납법의 애매함을 잘 보여주는 사례다. 이처럼 귀납법으로 얻은 결론은 어디까지나 추측이므로 결과를 단정 짓기에는 조심스럽다. 그는 바로 이러한 귀납법의 애매함을 지적한 것이다. 비슷한 맥락으로 제5장에서 다룰 예정인 쿤의 패러다임론도 이 부분을 강하게 비판했다. 참고로 원래 철학자 지망생이었던 투자가 조지 소로스는 포퍼의 신봉자로 유명해서 그의 투자이론은 연역법을 활용한 것이 많다.

이어서 연역법의 경우, 적용하는 전제조건은 반드시 보편타당한 것이어야 한다. 앞서 '시간을 낭비하지 않으면 부자가 된다' → '나는 시간을 낭비하지 않는다' → '나는 부자가 될 수 있다'에서 '시간을 낭비하지 않으면 부자가 된다'라는 전제조건은 반드시 보편적이어야 한다. 이는 부자에 관한 이야기를 다룬 많은 서적에서 귀납법을 사용하여 내린 결론이므로 그만큼 나름대로 보편성이 있다고 추측할 수 있다.

그런데 어떤 부자가 '복잡하게 생각할 것 없이 돈을 많이 쓰면 부자가 될 수 있다'라는 말을 했다면 어떻게 될까? 이 전제는 어디까지나 그 부자에게만 해당하는 이야기로 모든 사람에게 적용할 수 없다. 따라서 이 전제는 보편적이지 않다. 연역법을 활용할 때 이처럼 타당성 낮은 전제를 적용하면 간혹 큰 실수를 할 가능성이 있다. 따라서 이 방법에서는 대입하는 전제가 타당한지 항상 살펴보는 것이 중요하다.

선구자는 항상 성공할까?

그런데 투자나 비즈니스에서 내린 판단 결과가 항상 성공하는 일은 말처럼 쉽지 않다. 연역법의 전제가 얼마나 보편적인 것인지 알 수 없기 때문이다. **따라서 내가 대입하는 전제가 얼마나 보편적인지를 예측하는 능력이 연역법의 성패를 가른다.**

예를 들어 인터넷 예약 서비스의 전망을 고찰하는 경우를 이야기해보자. 인터넷상으로 레스토랑이나 호텔을 예약하는 '잇큐(一休)'라는 서비스가 있다. 특히 컴퓨터가 인터넷의 중심으로 부상한 시대에 단숨에 높은 점유율을 차지했는데 2015년에 IT 기업인 야후(Yahoo)에 거액으로 매수되었다.

일반적으로 생각하면, 이 서비스는 이미 지명도가 꽤 있어서 스마트폰이 보급되면 모바일 사이트를 만들어 기존의 높은 점유율을 유지할 것으로 추측할 것이다. 이에 스마트폰 시대가 되면 잇큐와 경쟁하지 않는 편이 좋겠다는 경영적인 판단을 내릴 수 있다.

반면 스마트폰 이용자와 컴퓨터 이용자는 속성이 다르므로 스마트폰 전용 서비스를 새롭게 구축하면 잇큐와 경쟁해서 이길 수 있다는 시각도 있다. 이 경우, 전제는 '여러 서비스 측면에서 컴퓨터 이용자층과 스마트폰 이용자층은 다르다'가 될 것이다.

만약 이 전제가 보편적이라면, 잇큐라는 선구자가 있어도 스마트폰 부분에서 경쟁상대가 없으니 망설이지 말고 그 분야에 뛰어들어야 한다. 하지만 이 전제가 보편적이지 않으면 하지 않는 편이 좋다는 결론을 내릴 것이다. 그런데 예시가 다양하지 않아 둘 중 어느 쪽이 옳은지 알 수 없으므로 귀납법으로 확인할 수 없다. 결국 마지막에는 한정된 정보를 이용해 본인이 판단해야 한다.

LEARNING

칼 포퍼

과학과 유사과학의 차이를 끈질기게 파고들었던 과학철학자. 반증할 수 없는 것은 과학이 아니라고 강하게 비판했다. 정치적인 발언도 많이 했는데, 저서 《열린 사회와 그 적들(Open Society and Its Enemies)》에서 비민주적인 전체주의와 공산주의를 강하게 부정했다.

CULTURES OF CHAPTER

- 수학적 감각을 기르면 감정적인 판단으로 인한 실수를 줄일 수 있다.
- 언어의 뉘앙스 차이로 인한 애매한 정보·숫자를 그대로 받아들이지 않는다.
- 리스크가 있어도 큰 이익을 얻는 일에 도전하는 편이 자산을 모을 때 합리적이다.
- 귀납법과 연역법을 적절하게 사용하면 진리를 발견할 수 있다.
- 연역법에서는 대입하는 전제가 보편타당한지 항상 점검한다.

"인공지능의 보급으로 일이 없어지는 것이 아니라,
부가가치가 별로 없는데도 노동력이 부족해서
업계에 남아 있던 사람의 직업이 없어지는 것이다.
극단적으로 이야기하면, 사라지는 일은 하나도 없을지 모른다.
그보다는 기술이 없는 사람의 일이 사라지는 것이다."

제 4 장

돈 버는
뇌로
바꾸기

INFORMATION
ENGINEERING

(정보공학)

SOCIOLOGY

ECONOMICS

MATHEMATICS

**INFORMATION
ENGINEERING**

PHILOSOPHY

HISTORY

다수의 말은 의외로 정답이다

집단지성 이론

요즘은 IT(정보기술)를 활용한 비즈니스를 많이 볼 수 있는 시대다. IT에 관심이 많지 않아도 이 분야에 어느 정도 지식이 있으면 자산을 모으기 쉽다는 이야기다. 하지만 단순히 컴퓨터나 태블릿 등의 IT 기기를 잘 다루고 프로그래밍 지식이 있다고 해서 부자가 될 수는 없다.

물론 이 능력도 중요하지만, 이는 실무적 기술에 불과하다는 점을 알고 있어야 한다. 그보다는 IT에 관한 지식을 익히는 일이 훨씬 중요하다. 지식을 익히다 보면 나도 모르게 IT의 본질을 이해할 수 있기 때문이다. 이 능력은 문과든 이과든 전혀 상관없다.

기사보다 먼저 사실을 알 수 있었던 이유

IT에 관한 지식 중, **집단지성**(Collective Intelligence)이라는 개념이 있는데, 이를 알기 쉽게 말하면 '**다수의 말은 의외로 옳다**'고 정리할 수 있다. 그만큼 다른 사람의 의견을 듣는 것이 중요하다는 말이다. 이 말을 듣고 당연하다고 생각하는 사람도 많을 텐데 나도 그중 한 사람이다. 그런데 이는 모든 상황에 들어맞는 이야기는 아니다. 왜냐하면 모든 사람이 하는 말이 맞으려면 반드시 어떤 조건이 성립해야 하기 때문이다.

그 조건은 바로 의견의 다양성과 독립성이 보장되어 있어야 한다는 것이다. 아무리 다수의 의견이라도 정보원이 한군데라든가, 같은 조직 또는 동조압력으로 인해 만들어진 의견이라면 신빙성이 떨어지기 때문이다. 반면 다양한 입장의 사람들이 독자적인 정보를 가지고 생각한 의견을 다수결로 모으면 놀랍게도 괜찮은 결론을 도출할 수 있다. 바로 이것이 집단지성의 원리다.

이 사고방식은 종종 학술적으로 뛰어난 연구자를 발견하는 방법으로 사용된다. 예를 들어 어떤 연구자가 발표한 학술 논문의 인용 횟수가 많으면 그 연구자는 훌륭한 연구를 하고 있을 가능성이 크다고 간주한다. 학자들은 기본적으로 본인의 지식이나 가치관을 근거로 독자적인 판단을 하는 경향이 강하다. 이에 논문 분야일수록 집단지성이 쉽게 성립되는 것이다.

한편 주식시장에서도 같은 원리를 찾아볼 수 있다. 1986년에 우주왕복선 '챌린저호' 사고가 발생했는데, 이때 주식시장의 시장관계자가 집단지성을 활용하여 정식 보고서가 나오기도 전에 사고 원인을 추측했던 일이 있었다. 당시 사고 직후 원인을 파악할 수 없던 단계에서 가스 누출이 발생한 링을 제조한 회사의 주식만 하락하기 시작했다. 이후, 보도를 통해 링에 문제가 있었다는 지적이 나왔을 때는 이미 주식이 대폭 떨어진 다음이었다. 미국 주식시장은 국제화된 만큼 불특정 다수의 참가자가 독자적인 정보원을 토대로 거래하는 경향이 강하다. 덕분에 의견의 다양성과 독립성이 보장된다는 장점이 있다.

그런데 집단지성이 왜 IT 지식과 관련이 있다는 걸까? 그 이유는 바로, 우리가 일상적으로 사용하는 검색 엔진이야말로 이 사고방식을 토대로 설계되어 있기 때문이다.

검색 엔진에서 어떤 키워드를 검색하면, 그 키워드와 관련된 사이트가 나온다. 이때 사이트 표시순서를 결정하는 알고리즘은 이 집단지성 사고방식을 응용한 것이다. 특히 많은 사람에게 링크를 모은 검색 엔진 사이트일수록 올바른 정보가 기재될 가능성이 크다는 가설을 바탕으로 상호 링크 수가 많은 사이트의 표시 순위가 올라가는 구조로 되어 있다. 물론 이것만으로 우선순위를 정하지는 않지만, 이 집단지성 원리가 검색 결과에 반영되어 순위가 결정되는 것이다.

이러한 원리를 얼마나 알고 있는지에 따라 검색 엔진을 다루는 방법이 상당히 달라진다. **부자가 될 가능성이 큰 사람은 검색 엔진의 알고리즘을 이해한 후, 검색 엔진에 키워드를 입력한다.** 아무 생각 없이 키워드를 입력해서는 절대로 좋은 성과를 얻을 수 없다.

검색 엔진에서 표시되는 사이트 순위는 사람들이 생각한 키워드의 이미지로 결정된다고 해도 과언이 아니다. 이때 순위 결과는 모든 사람의 생각이 반영되었다는 점이 중요하다. 이는 경제학 장에서 언급한 케인스가 주장한 '미인투표론'과 비슷하다.

케인스는 투기꾼이기도 했는데, 그는 주식투자를 미인투표의 원리로 설명했다. 이는 투표에서 이기려면 본인이 미인이라고 생각한 사람에게 투표하지 말고, 다른 사람이 투표할 만한 인물에게 걸어야 한다는 이야기다. 따라서 주식도 본인이 올라가리라 예상한 종목 대신, 다른 사람이 그렇게 예상한 종목에 투자해야 한다는 결론이 나온다.

이와 비슷하게 검색 엔진 결과도 대다수가 중요하게 생각하는 것이 검색 결과 상위에 있는 것이다. 이때 그 정보의 중요도는 사실 순위에 큰 영향을 끼치지 않는다. 만약 **그것이 정말 중요한 정보인지 확인하려면 키워드를 바꿔서 검색하거나, 검색 조건을 몇 번 변경해보는 것이 좋다.** 조건을 바꿔 입력해도 같은 결과가 나온다면, 그 이야기는 거의 맞는다고 보면 된다(참고로 이것이 귀납법이다). 반면 이 정보가 틀렸다고 해도 인터넷상에서 달리 정보가 없다는 것을 확인했다는 것만으로도 소득이다.

달리 생각하면, 키워드 설정이나 조합을 여러 방법으로 시도해보면 보통 검색으로는 발견되지 않는 정보를 나만 발견할 가능성이 있다는 말이 된다. 이런 의미에서 인터넷에서 비즈니스나 부자에 관한 자료를 찾을 때, 간단한 검색으로 끝내지 말고 조건이나 키워드를 바꿔서(비슷한 단어로 바꿔보는 등) 몇 번 더 검색할 것을 추천한다. 나 또한 이 방법으로 다른 사람보다 빨리 유익한 정보를 얻어 업무에 활용했던 적이 있어 그 효과를 잘 알고 있다. 그러니 믿고 이 방법을 꼭 해보길 바란다.

진실은 날조될 수 있다

만약 인터넷상의 '진실'이 많은 사람의 의견으로 정해진다면, 사이트에 올라와 있는 정보가 참인지는 그 정보를 올린 개개인의 역량에 따라 달라질 것이다. 이런 의미에서 최근 조금 우려되는 부분이 있다.

얼마 전, 인터넷 검색을 하던 중 일본어 공간에 유익한 정보가 점점 줄어드는 것 같다는 느낌을 받았다. 특히 일본어로는 비슷한 정보만 나오고 내가 원하는 정보는 보이지 않아서 어쩔 수 없이 영어로 키워드를 입력했다. 그러자 훨씬 쉽게 필요한 정보를 발견할 수 있었다.

언어는 문화적 배경이 있어서 영어권과 일본어권에서 자주 보이는 정보의 종류는 당연히 차이가 난다. 이에 나는 소프트웨어 분야 같은 국제적으로 통용되는 주제어를 검색해보기로 했다. 다양한 분야를 시도해본 것은 아니지만, 이 역시 일본어로는 좋은 정보를 찾을 수 없었고 대신 영어로 입력하면 원하는 정보에 접근할 수 있는 경우가 꽤 많았다.

앞서 설명했듯이 올바른 집단지성이 성립하려면, 주변 영향을 많이 받지 않은 정보를 개인적으로 올리는 사람들의 역할이 무엇보다 중요하다.

예를 들어 트위터상에서 리트윗된 정보처럼, 인터넷에 참여한 사람이 독자적인 정보를 올리지 못하고 누군가 이미 공개한 정보를 복사하기만 한다면 어떻게 될까? 그러면 인터넷에는 같은 정보만 흘러넘치게 되어 정보의 다양성과 독립성은 없어질 것이다. 심지어 복사한 정보가 옳지 않다면 인터넷 공간에는 거짓 정보만 돌아다니는 꼴이 된다.

현재 일본어 공간이 이러한 상황인지 확실히 알 수 없지만, 집단지성이 전제인 인터넷 공간에서는 정보의 출처자(즉 인터넷 참여자)의 의식이 낮으면 이렇게 될 가능성이 커지는 것이다. 이는 꽤 예전부터 우려했던 부분이다. 인터넷이 완전히 사회의 인프라로 정착된 지금, 이 문제는 점점 중요해졌다. 인터넷이 편리한 존재인 건 맞지만, 그곳의 언어 공간은 참여자들의 지적 능력에 좌우되는 불안정한 곳이기도 하다.

수평 계층 사회에서 비즈니스로 성공하는 비결

수평적 분화 이론

　IT 분야의 독특한 사고방식 중에는 수평적 분화(horizontal specialization)가 있다. 이는 원래 소프트웨어 시스템에서 발달한 사고방식이지만 이 분야뿐만 아니라 산업 구조 전체에 영향을 끼쳤다. 최근 일본 기업은 우수한 기술을 가지고 있는데도 국제적인 경쟁력을 잃어가는 추세다. 왜냐하면 수평적 분화에 대한 감각이 없기 때문이다.

서로 모를수록 성공한다

오늘날의 소프트웨어는 역할별로 나뉜 계층구조다. 예를 들어 스마트폰은 인터넷 접속 등을 담당하는 OS(기본 소프트, 예를 들어 안드로이드 등)와 개별 앱이 각각 다르게 만들어져 있으며, OS는 개별 소프트의 내부를 모르고 앱도 OS의 내부를 모르는 구조로 되어 있다.

앱이 인터넷에 접속하여 정보를 취득하려 할 때는 OS에게 인터넷에 접속해서 정보를 달라고 요구하는 식의 정해진 규칙에 따라 의뢰할 뿐이다. 이때 상호 의뢰를 중개하는 부분을 인터페이스(interface)라고 부르는데, 앱 개발자나 기본 소프트웨어 개발자는 서로의 핵심 부분을 알 필요가 없으며, 인터페이스 부분에서 오가는 공통 언어만 알고 있으면 된다.

이런 구조가 탄생한 이유는 소프트웨어 규모가 점점 커져서 하나의 소프트웨어에 모든 기능을 설치하기가 어렵기 때문이다. 이에 역할을 나누어 특화된 분야에 더 집중할 수 있게 만들었다. 이렇게 서로 내부가 어떻게 되어 있는지 모르는 편이 소프트웨어를 보다 효율적으로 개발할 수 있고, 시스템도 훨씬 쾌적하게 돌아가게 하는 것이다. 이를 다른 말로 하면 계층화 또는 추상화라고 한다.

IT 분야에서는 다양한 분야의 계층화·추상화가 이미 진행되었으며 이에 역할 분담이 완벽하게 되어 있는 편이다. 반면 시스템을 통합적으로 관리하는 사람이 없어서 이러한 상황을 불안하다고 느끼는 사람도 있을 것이다. **하지만 현실적으로는 중앙집권적으로 개발하거나 제약을 두는 것보다 이 방법이 대규모 시스템을 작동할 때 훨씬 유리하다.** 이러한 개념은 IT 분야를 이해하고 IT 지식을 익히는 데 매우 중요하다.

전기자동차 분야에서 테슬라가 일본 제조사보다 한발 앞선 이유

계층화나 추상화 개념은 소프트웨어 분야뿐만 아니라 하드웨어나 비즈니스 모델 전반에도 영향을 끼쳤다. 따라서 오늘날의 비즈니스 업계일수록 이 개념을 잘 알고 있어야 한다.

전기자동차 분야에서 최첨단을 자랑하는 회사인 테슬라 모터스(현재 테슬라)는 전기자동차의 핵심인 전력을 저장하는 배터리 개발에 IT적 가치관을 대입하여 큰 성공을 거두었다.

전기자동차가 고속으로 주행할 수 있도록 고성능 배터리를 개발·제조하는 일은 매우 어려운 일이다. 자칫하면 폭발사고로 이어질 수 있으므로 신중한 접근이 필요한 분야다. 사실 이 배터리 기술은 최근까지는 일본 기업의 독무대였다. 특히 일본인은 뛰어난 기술력으로 고성능 배터리를 개발했으며, 일본 기업들도 전기자동차 붐이 올 것을 대비하여 회사별로 고성능 배터리 개발을 진행했다. 하지만 배터리 분야에서 뚜렷한 기술을 개발하지 못한 채 신흥 기업에 선두 자리를 빼앗기게 된 것이다. 이때 결정적인 실패 원인은 다름 아닌 IT적 사고방식의 부재였다.

일본 업체는 백지상태에서 전기자동차 전용으로 대용량 고성능 배터리를 개발하려고 했다. 한편 테슬라는 이미 있는 건전지를 몇 천 개 정도 연결하면 해결할 수 있다고 생각했다. 당연한 말이지만, 애초에 건전지는 이러한 용도로 만들어진 것이 아니었다. 배터리 전체에는 상당한 전류가 흘러서 건전지 한 개만 문제가 생겨도 큰 사고로 이어질 위험이 있기 때문이었다. 그런데도 테슬라는 IT적 사고방식을 응용하기로 했다. 애초에 이 용도로 건전지를 쓸 계획은 없었지만 시도해볼 만하다고 생각한 것이다. 문제가 생겨도 소프트웨어로 제어하면 안정성을 확보할 수 있으리라 생각했기 때문이다.

자세한 내용은 밝혀지지 않았지만, 테슬라는 몇 천 개의 리튬이온 전지의 셀(battery cell, 전해액 양극재 음극재 등으로 구성된 2차 전지의 최소단위로 차량용 배터리의 1셀은 2볼트의 전압을 나타냄)에 접속하여 유닛별로 움직임을 제어할 수 있다고 했다. 만약 위험 상황이 생기면 소프트웨어로 유닛별로 분리하는 장치를 작동할 수 있다고 본 것이다.

이는 추상화나 계층화라는 IT 분야 지식이 없으면 떠올릴 수 없는 발상이다. 일본 업체가 남들보다 뛰어난 기술력이 있는데도 테슬라에 선두를 빼앗긴 이유는 이러한 IT 지식이 없기 때문이다(참고로 각 전지의 셀은 일본제다).

조직 구성과 업무 방법을 바꾼 수평적 분화

이러한 IT 지식은 전체적인 비즈니스 모델에도 영향을 끼쳤다. 제조업계에서는 꽤 예전부터 계층구조에 따른 분업화가 진행 중이며, 최근에는 제조사 한 곳에서 부품부터 시스템까지 전부 담당하는 일이 점점 줄어드는 추세다.

예를 들어 아이폰의 애플(Apple)은 부품을 만드는 제조사가 아니다. 심지어 애플은 조립 작업을 하는 제조사까지 분리했고 지금은 제품 개발과 마케팅만 담당하고 있다. 이러한 흐름은 일반적인 기업에도 영향을 끼쳤다. 최근까지 인사나 총무, 경리 등의 업무는 모두 사내 자원을 사용해 진행했다. 하지만 인터넷상으로 업무를 발주하는 크라우드 소싱(대중crowd과 아웃소싱 outsourcing의 합성어로, 대중들의 참여를 통해 솔루션을 얻는 방법)의 발달로 핵심 업무 외에 간단한 업무는 외주가 가능한 환경이 조성되었다.

경리업무는 이 분야의 전문가가 하는데 이 사람은 발주한 곳의 전반적인 경리 처리가 어떻게 진행되고 있는지 전혀 모른다. 하지만 인터페이스 부분이 확실히 설계되어 있다면(즉 해야 하는 업무에 대한 확실한 지시가 있다면), 이 방식이 훨씬 효율적이고 비용도 절약할 수 있어 이득이다.

이러한 경향은 정보 시스템에서도 찾아볼 수 있다. 최근 미국 아마존이 제공한 기업용 크라우드 소싱이 매우 빠르게 보급 중이다. 원하는 시간대와 사용량 단위로 시스템을 이용할 수 있는 서비스를 제공하는데 유니클로를 운영하는 패스트 리테일링(FAST RETAILING)처럼 자사의 정보 시스템을 통째로 아마존에 이관하는 예도 있다. 이러한 일련의 흐름은 기업 업무의 계층화(수평적 분화) 구조를 가속화할 것이며, 기업으로서는 자사에서 핵심 업무를 맡지 않는 계층을 갖고 있을 필요가 없으므로 조직 형태는 앞으로 점점 단순해질 것으로 보인다.

이렇게 IT적 가치관은 조직 형태나 업무 방법을 조금씩 바꿔 나가고 있다. 일본 기업은 대부분 수평적 분화를 교과서적으로 '성실'하게 이해했을 뿐, 실제 행동은 여전히 수직적 분화(vertical differentiation) 형태가 기본이며 아직 이 형태를 벗어나지 못한 상황이다. 이 책에서는 종합적인 지식이나 사고방식이 그대로 인격이나 행동으로 반영되는 것을 '인문학적 지식'이라고 정의했다. 그런데 안타깝게도 일본 기업에는 '지식'은 있어도 아직 '인문학'은 없는 듯하다.

 IT적 가치관이 보편화되면 기존 형태를 고집하는 사람에게
는 위협적일 수 있지만, 반대로 변화를 지향하는 사람에게는 큰
기회다. 따라서 IT 지식을 활용하여 비즈니스나 투자를 재구축
할 수 있는 사람은 미래의 승리자가 될 가능성이 크다.

LEARNING

인터페이스

인간과 기계 또는 기계와 기계의 경계면이나 접촉면을 말한다. 또는 이
곳에서 정보를 주고받는 순서나 규칙을 말한다. 인터페이스 규칙을 다시
규정하면 서로 내용을 모르더라도 상호 접속이 가능하다.

업무를 가장 빨리 처리하는 방법은?

참조 국소성

IT는 정보 처리에 관한 기술이지만 이 분야에서 보이는 특정 현상 중에는 현실 사회에 응용해볼 만한 것이 많다.

같은 정보에 다시 접속할 가능성이 크다

컴퓨터 안에 있는 CPU라는 디바이스는 컴퓨터 두뇌에 해당 하는 부품으로 안에서는 무수히 많은 연산이 실행 중이다. 연산 이란 준비된 몇 백 개의 명령어 집합(instruction set)을 불러내어 실행하는 것을 말한다. 어느 날, 컴퓨터 연구자가 어떤 명령이 어느 정도 빈도로 사용되었는지 검증했더니 매우 흥미로운 결과를 발견할 수 있었다.

어떤 명령을 한 번 사용했더니, 그다음에도 같은 명령을 사용할 확률이 높다는 것을 확인한 것이다. 이에 어떤 명령을 실행한 후에는 똑같은 명령이 실행된다고 가정하고, 그 명령을 곧바로 읽을 수 있도록 설계해보았더니 컴퓨터 처리 속도가 크게 향상되었다. 마찬가지로 어떤 명령을 사용할 경우, 그 근처에 있는 명령을 참조할 확률이 높다는 것도 확인할 수 있었다. 오늘날의 컴퓨터는 이러한 정보의 특징을 살려서 설계된 것이다.

이때 컴퓨터가 하는 작업은 결국 인간이 지시하는 것이므로 인간 활동도 같은 경향을 보일 거라는 가설을 세워볼 수 있다. 요컨대 어떤 자료를 참조한 직후에 같은 자료나 비슷한 자료를 참조할 가능성이 크다는 이야기다.

경제학자인 **노구치 유키오**는 이 가설을 그의 베스트셀러《초정리법(「超」整理法)》에서 정보 정리술로 응용했다. 그는 서류를 분류하지 않고 최근 사용한 순서대로 두면, 나중에도 그걸 꺼낼 확률이 높으므로 효율적으로 서류를 정리할 수 있다고 주장했다.

이는 실제로 어느 정도 일리가 있는 말이다. 그가 이 수법을 고안한 것은 IT에 관한 폭넓은 지식이 있었기 때문이다. 노구치는 일본 대장성(현 재무성) 관료 출신으로 대외적인 이미지는 소위 문과 계통이지만 대학 전공은 응용물리학이었다. 재무 관료 치고는 독특한 이력의 소유자로 이러한 배경은《초 정리법》을 집필하는 데 영향을 끼쳤을 것이다.

IT 분야에서는 컴퓨터를 빨리 작동시킬 방법을 고안하는 데 초점이 맞춰져 있지만, 애초에 컴퓨터는 사람 머릿속에 있는 작업을 변환하기 위해 만든 것인 만큼 사람이 하는 일과 밀접한 관련이 있을 수밖에 없다. 그래서 IT 분야에서 발견한 지식은 실생활에서도 응용하기 쉬운 것이다. 앞서 언급한, 한 번 참조한 자료가 다시 참조될 확률이 높다는 원리도 인터넷상에서 자료를 검색할 때 이미 사용되고 있다.

PC나 태블릿으로 인터넷 페이지를 열면, 그 페이지는 일단 기억장치에 남는다. 이후에 그 페이지를 한 번 더 보러 갈 확률이 높기 때문이다. 따라서 나중에 그 페이지에 접속할 때는 인터넷을 거치지 않고 페이지를 열 수 있어서 화면이 매우 빠르게 나올 것이다. 우리가 스트레스 없이 페이지를 열람할 수 있는 이유는 이러한 기술을 응용했기 때문이다.

이러한 특징이 보편적이라면, 비즈니스 현장에도 응용할 수 있을 것이다. 예를 들어 사람들이 많이 사용한 자료와 데이터를 언제 누구라도 사용할 수 있도록 정리해둔다. 그 자료가 한 번이라도 사용되었다면, 다시 자료에 접근했을 때 한 번에 접근할 수 있는 시스템을 만드는 것이다. 그러면 업무의 전체적인 효율이 올라가게 된다. 그래서 고객이 어떤 것을 문의했을 때 그 내용을 듣고 비슷한 문의사항이 또 올 수도 있다고 예상하고 준비하는 사람과 그렇지 않은 사람은 장기적으로 큰 차이가 나는 것이다. 또한 파일을 재빠르게 검색할 수 있어 자료를 찾는 시간도 절약할 수 있다.

참조한 자료를 다시 참조할 가능성이 크다는 말은 자료 접근 빈도와 시간 사이에 어떤 상관관계가 있다는 것을 의미한다. 만약 컴퓨터 안에 원하는 자료가 보이지 않으면 방법을 바꿔 시계열로 정렬해보면 발견할 수 있을지 모른다. 자료를 잘 찾는 사람은 이름으로 분류한다거나 시계열로 분류하는 등, 다양한 방법을 잘 조합하여 사용하는 능력이 있다.

도라에몽과 비슷해서 호리에몽이라는 별명을 가진 호리에 다카후미는 IT에 관한 소양이 있으면 업무 능력이 좋아지는 이유를 '**정형적인 업무가 자동화되는 만큼, 전체적인 효율이 올라가기 때문**'이라고 이야기했다. 업무 속도가 빠른 사람은 무의식적으로 이 방법을 실천하고 있을 것이다. 이는 일종의 감각이지만, IT에 관한 지식이 있으면 감각이 없어도 행동으로 옮길 수 있다.

처리능력을 업그레이드해야 의미가 있다

컴퓨터공학 분야의 정보 처리 능력에는 두 가지가 있는데, 하나는 **응답시간**(response time)이며 나머지 하나는 **처리능력**(throughput)이다. 먼저 응답시간은 말 그대로 하나의 작업을 처리하는 시간의 속도를 나타낸다. 그리고 처리능력은 일정 시간 안에 처리한 작업의 총량을 말한다.

모든 사람에게는 공평하게 하루 24시간이 주어진다. 남들보다 좋은 성과를 내려면, 쉬지 않고 일을 열심히 해서 24시간을 효율적으로 사용해야 한다. 그런데 시간을 어떻게 활용해야 '효율적'인 것인지 곰곰이 생각해볼 필요가 있다. 우리는 업무를 빠르게 진행하는 방법으로 가장 먼저 작업 속도를 올리는 일을 생각하는데 이는 작업 하나에 쓰는 시간을 줄이면 가능하다. 컴퓨터공학적으로 보면 이는 응답속도를 올리면 되는 것으로, 결국 컴퓨터 CPU의 성능을 올린다는 의미다.

같은 업무를 두 배 빠르게 처리하면 성과도 두 배로 올라간다. 그러나 작업 속도를 두 배로 올리는 일은 말처럼 쉽지 않다. 대신 속도는 똑같아도 사람을 한 명 더 늘려 두 사람이 작업하면 속도는 훨씬 빨라질 것이다.

여기에서는 단일작업 경우만 살펴보았지만, 실제로 대부분의 일은 서로 얽혀 있으므로 한 작업이 완료되지 않으면 다음 작업을 진행할 수 없다. 어떤 부분의 작업을 가속화해도 다른 부분에서 막혀버리면 전체적인 작업이 힘들어지기 때문이다. 요컨대 하드 디스크를 고속화해도 CPU의 처리 속도가 늦으면 전체 처리 속도도 늦어진다는 의미다. 이를 병목 현상(bottleneck)이라고 부른다.

결국 사람들이 원하는 성능은 응답속도가 아니라, 일정 시간 안에 처리 가능한 업무의 총량, 다시 말해 처리 속도가 되는 것이다. 컴퓨터공학 분야에서는 처리 속도를 빠르게 하는 방법에 초점을 맞추고, 이를 가장 잘 구현할 수 있도록 최적화된 설계를 한다.

처리능력을 높이려면 개개의 작업 속도를 올리는 것도 중요하지만, 몇 명이 함께 작업하면 좋은지, 일하다 막히는 부분은 없는지, 한 번에 어느 정도 업무를 모아서 처리하면 좋은지 등 많은 요소를 종합적으로 생각해야 한다.

이는 컴퓨터공학적 사고방식이지만, 그대로 비즈니스에 응용할 수 있다. 시간이나 작업량은 언제, 얼마만큼이 좋은지, 그리고 다른 사람과 함께 일하면 좋은지 또는 속도를 얼마나 올릴 수 있는지 등 종합적으로 생각할 줄 알면 최고의 성과를 얻을 수 있다.

병목 현상

컴퓨터 처리 시 전체 성능의 저하를 초래하는 부분을 가리키는 말로 병의 주둥이가 좁아지는 모습에서 유래했다. 비즈니스 분야에서도 업무가 정체되는 원인을 이야기할 때 사용한다.

인공지능 보급으로 누가 웃고 누가 울까?

기계학습 이론

최근 IT의 가장 큰 화제는 뭐니 뭐니 해도 인공지능일 것이다. 인공지능이 보급되면 우리 사회는 굉장한 변화를 맞이할 것이 분명하다. 이때 이 변화를 두려워하지 않는 사람에게는 엄청난 기회일 것이 분명하기에 인공지능 원리를 이해하는 것은 중요하다.

인공지능 핵심은 학습

인공지능과 기존 컴퓨터의 가장 큰 차이점은 문제처리 방법에 있다. 특히 그 방법을 사람이 프로그램으로 정해놓은 것인지, 아니면 컴퓨터가 스스로 방법을 학습한 것인지가 관건이다.

미리 정해진 프로그램 내용이 있으면 인공지능 능력은 거기에 전부 의존하는 경향이 있어 예상 밖의 문제가 발생하면 적절한 대응을 할 수 없다. 반면 컴퓨터 스스로 학습하고 그 결과를 토대로 대처할 수 있게 만든 경우는 훨씬 좋은 성과를 기대할 수 있다(기계학습).

인공지능을 학습시킬 때는 먼저 답을 알고 있는 데이터를 모으는 것부터 시작한다. 예를 들어 컴퓨터에 웃는 얼굴을 판단하는 교육을 한다면, 몇 번 이상 입꼬리가 말려 있는지, 몇 퍼센트 이상 눈을 뜨고 있는지 등, 웃는 얼굴의 조건을 정하고 가르친다(실제 과정은 훨씬 복잡하다). 그러나 인공지능은 웃는 사람의 얼굴을 오래 보여주고 어떤 부분을 토대로 웃는다고 판단하는지 컴퓨터가 스스로 학습하게 만든다.

그런데 이때 웃음의 범위를 어디까지 정하는지가 문제다. 웃음에는 여러 종류가 있기 때문이다. 예를 들어 피식 웃는 사람, 냉소적으로 웃는 사람 또는 입가는 웃고 있지만 눈은 전혀 웃지 않는 사람도 있다. 어떠한 종류의 웃는 얼굴 사진을 보여주느냐에 따라 인공지능의 능력은 완전히 달라질 것이다.

만약 이를 가르치는 교사가 비웃음만 떠올리는 사람이라면,

웃음에 대한 인공지능의 이해도는 상당히 떨어질 것이다. 반대로 웃음에 대한 깊은 이해와 통찰력이 있는 사람이 교사라면, 인공지능의 성능은 비약적으로 향상될 것이다. **즉 인공지능 시대의 핵심 인물은 인공지능을 교육하는 사람이다.** 그렇다고 그가 꼭 컴퓨터 전문가일 필요는 없다. 오히려 가르치는 분야 쪽에 풍부한 지식이 있고, 그것을 체계화할 수 있는 능력과 균형 감각이 있는 사람이 훨씬 좋다.

이렇게 가르치다 보면 어느새 인공지능은 학습 방법도 스스로 배울 것이다. 하지만 당분간은 사물의 본질을 보편화할 수 있고 중요한 내용을 체계화할 수 있는 사람이 핵심 인물이 될 것이다. 이 책에서 정의한 지식인이라면, 인공지능 시대에도 능력을 제대로 발휘할 수 있을 것이다.

한편 인공지능이 발달하면 프로그램을 작성하는 작업도 필요 없어질 것이다. 앞으로는 프로그래밍이 IT 기술이 아닌 날이 올지도 모른다.

창조적 업무나 월급이 많은 업무일수록 위험하다

이러한 정보를 토대로 인공지능 사회를 상상해보면, 일반적으로 이야기하는 상황과는 상당히 다른 모습이라는 것을 알 수 있다.

노무라종합연구소(Nomura Research Institute, Ltd.)는 2015년 12월, 일본 노동인구의 약 절반 정도가 인공지능이나 로봇으로 바뀔 가능성이 있다는 추계를 발표했다. 그 내용을 보면 인공지능이나 로봇으로 바뀔 가능성이 큰 직종으로는 일반 사무직, 조립공, 택시 운전사, 계산원 등으로 단순노동 직종이 로봇으로 대체될 것이라 이야기하고 있다.

한편 대체 가능성이 적은 직종은 미술 감독, 경제학자, 교원, 간호사 등이었다. 창조성이 필요하거나 다른 사람의 이해나 설득이 필요한 직종은 바뀔 가능성이 적다는 의미다. 하지만 현실은 노무라연구소가 예측한 결과와 다를 가능성이 클 것이다. 이 말은 노무라종합연구소의 보고서가 거짓말이라는 뜻이 아니다. 이 보고서는 매우 잘 작성된 것이지만, 그보다 문제는 우리가 이 정보를 어떻게 해석할 것인가에 있다.

이 조사는 이 분야의 최고인 옥스퍼드 대학에서 알고리즘을 제공받아 실시한 것으로 일본에 있는 직종을 조작성, 창조성, 사회 상호작용 등의 항목별로 평가하여 인공지능으로 대체될 가능성이 있는 직업을 수치화한 것이다. 그런데 여기에는 몇 가지 주의해야 할 부분이 있다. 로봇화가 되면 그 로봇을 관리하는 업무가 발생하는데 이 조사에는 이 부분이 생략되어 있다. 이어서 로봇화에 돈이 얼마 들어가는지도 빠져 있는데 이 부분을 한번 생각해볼 필요가 있다.

실제로 인공지능의 발달로 새로 생겨나는 직업도 있으므로 직업이 계속 줄어드는 추세라고 볼 수는 없을 것이다. 또한 아무리 로봇이 편리하다 해도 인건비가 훨씬 저렴하다면 사람을 우선 채용할 가능성이 크다. 따라서 직업은 그렇게 쉽게 사라지지 않을 것이라 예상할 수 있다.

창조 능력에는 기본적으로 사람이 뛰어나다는 전제조건이 깔려 있지만, 인공지능에 적절한 학습 지도를 하면 디자인이나 음악 등 창조성이 필요한 분야에서 사람을 훨씬 뛰어넘을 수 있다. 따라서 조사 결과를 제대로 해석하려면 이러한 부분을 고려하여 생각해야 한다.

일이 사라지는 것이 아니라 능력 없는 사람이 필요 없어지는 것

그렇다면 실제로 인공지능은 어떤 형태로 보급되어 있을까? 인공지능이나 로봇이 아무리 편리하다 해도 수지가 맞지 않는 업무에는 응용할 수 없다. 따라서 저임금이지만 대인 의사소통이 필요한 일은 로봇으로 대체되지 않을 것이다.

오히려 대체 가능성이 큰 직종은 단순 지식이나 능력에 의존하는 고임금 직종이다. 구체적으로는 의사, 변호사, 항공기 조종사, 회계사, 분석전문가 등이 있다. 또한 창조성이 필요한 분야도 예외가 아니다. 예를 들어 웹사이트 디자이너, 잡지 편집자, 음악 감독 등도 앞으로 어떻게 될지 알 수 없다. 그러나 이러한 직종이 모두 인공지능으로 대체될 리가 없다는 점이 중요하다.

앞서 인공지능이 보급되려면 당분간은 인공지능을 교육하는 일이 중요하다고 설명했다. 즉 모든 직종에서 인공지능을 교육하는 인재가 필요해진 셈이다. 게다가 인공지능을 사람의 보조 역으로 활용한다면, 지금 시점에서 성과가 높은 사람은 앞으로 더 높은 성과를 올릴 수 있다.

즉 인공지능의 보급으로 일이 없어지는 것이 아니라, **부가가치가 별로 없는데도 노동력이 부족해서 업계에 남아 있던 사람의 직업이 없어지는 것이다.** 극단적으로 이야기하면, 사라지는 일은 하나도 없을지 모른다. 그보다는 기술이 없는 사람의 일이 사라지는 것이다. 어떤 의미에서 보면 진실은 매우 잔혹하다. 차라리 특정한 일만 없어진다고 이야기하는 편이 훨씬 나을지 모른다.

LEARNING

알고리즘
수학적인 문제를 푸는 방법이나 해법을 말하며 IT 분야에서는 프로그램

의 처리 순서를 말한다. 일반적으로는 사물을 분석·해결하기 위한 '방법'
이라는 뉘앙스로 사용하는 경우가 많다.

실리콘밸리 창업자가 동양사상에 빠진 이유

스즈키 다이세츠의 불교 이론

사람들에게 IT가 가장 발달한 곳을 물어보면 당연히 실리콘밸리를 떠올릴 것이다. 실리콘밸리는 미국 캘리포니아주의 샌프란시스코부터 산호세 일대에 분포한 IT 기업의 집약지를 말한다. 많은 사람에게 실리콘밸리는 단순히 IT 거리에 불과하지만, 이 거리에는 사실 꽤 복잡한 이야기가 숨어 있다. 여기에는 전쟁, 동양사상, 히피 문화의 유행 등, 언뜻 보면 전혀 관계없어 보이는 여러 요소가 복잡하게 얽혀 있다.

그만큼 IT 기술은 철학적인 사고를 떠나서는 생각할 수 없다.

162   제 4 장

그렇기에 IT는 인간사회에 커다란 영향을 끼치고 부를 형성하는 일과도 밀접한 관계가 있다. 따라서 부의 구조를 알고 싶다면 이러한 IT의 배경을 알아두는 것이 좋다.

IT는 인간의 뇌를 확장했다

실리콘밸리는 군수 기업이 모여 발달한 곳이었다. 그런데 1960년 전후의 히피 문화와 동양사상이 함께 유행하고, 물과 기름 관계라는 군수산업과 반체제 운동이 묘하게 서로 엮이면서 현재 실리콘밸리의 모습을 갖추기 시작했다. 원래 군수 기업의 집약지였던 실리콘밸리가 어떻게 자유로운 분위기의 첨단 기술 도시로 변한 것인지 그 이유와 과정을 보면 매우 흥미롭다. 이는 겉보기에 재미없어 보이는 기술이 사실 다양한 사상의 영향을 받아 만들어졌다는 증거이기도 하다.

특히 이곳에는 샌프란시스코에 인접한 캘리포니아 대학과 스탠퍼드 대학이라는 교육기관도 있어서 군수 기업의 집약지로는 안성맞춤인 장소였다. 오늘날 컴퓨터 CPU에서 압도적인 점유율을 가진 인텔사도 과거에는 매상 대부분을 펜타곤에 의존하던 전형적인 군수 기업이었다.

한편 샌프란시스코는 미국 반체제 운동의 거점 지역이었다. 1960년대부터 1970년대까지 히피라고 불리는 사람들이 이주하여 많이 살았던 곳이었기 때문이다.

애플의 창업자인 **스티브 잡스**도 예전에는 히피 중 한 명이었다고 한다. 잡스는 젊은 시절, 마약에 빠져 있었고 채식가로 생활했던 적이 있다. 머리도 길게 기르고 몸도 씻지 않은 채 지냈는데, 당시 그는 채식가 몸에서는 냄새가 나지 않는다고 굳게 믿어서 다른 사람이 악취를 지적해도 이를 인정하지 않았다고 한다. 또한 그는 평생 반체제파였던 가수 밥 딜런의 열렬한 팬이었던 것으로 유명하다. 한때 애플에서 쫓겨났던 시기에 절망에 빠져 집에 틀어박혀 밥 딜런의 노래만 계속 들었다는 일화가 있을 정도다.

그 당시 히피 중에는 동양사상에 열중한 사람이 많았는데 잡스도 예외는 아니었다. 일본인 불교학자 **스즈키 다이세츠**(1870~1966)가 영어로 출간한 선(禪) 사상에 관한 많은 저서가 당시 히피 문화에 큰 영향을 끼치기도 했다. 특히 팀랩(teamLab Inc.)의 이노코 도시유키는 불교 사상과 잡스의 관계를 언급하며 '잡스는 컴퓨터를 사용하여 인간의 뇌를 확장했고 인류를 진화시켰다'라고 평가했다. 잡스는 인간의 뇌와 컴퓨터를 일체화하고자 했고, 그 생각을 애플의 훌륭한 디자인으로 실현한 것이다.

군수 기업과 반체제 활동 사이의 의외의 친분

실리콘밸리에는 잡스와 비슷하게 반체제적이지만 컴퓨터 지식이 있고 동양사상에 심취한 젊은이가 많이 모여 있었다. 미국은 우리 생각보다 계획적인 나라라서, 이러한 반체제파 젊은이를 아무 이유 없이 탄압하지 않는다. 그보다는 이들 젊은이 중 천재적인 두뇌를 가진 사람들을 실리콘밸리의 군수 기업에 모아 그들의 능력을 무기 개발에 활용하고 동시에 그들이 과격한 반체제 활동에 휩쓸리지 않도록 감시했다.

그 결과, 실리콘밸리에 있는 미국의 군수 기업 내에는 이러한 반체제 사상을 가진 젊은이가 모이게 되었다. 이들이 훗날 중년이 되고 군수 기업에서 간부로 승진하는 나이가 되면 자신의 인생을 뒤돌아보고 모순을 느낄지도 모른다. 그래서인지 미국 영화나 드라마에는 인생의 타협점을 찾아가는 삶의 고뇌를 그린 작품이 많다.

한편 미국에서는 1981년에 압도적인 지지율로 레이건 정권이 탄생했는데 민주당원이지만 공화당인 레이건에 투표한 사람이 많아서 당시 큰 화젯거리였다. 이러한 사람을 레이건 데모크랫(Reagan Democrats)이라 부르며, 과거 군수 기업에 속했던 히피들이 레이건 데모크랫의 전형이었다.

오늘날 실리콘밸리의 자유로운 분위기는 그 시절 젊은이들이 인생의 타협점을 찾아가는 과정에서 만들어진 것이라 봐도 좋을 것이다. 오늘날에는 전 세계에서 이민자들까지 모여들어 이곳은 더욱더 많은 가치관이 섞인 거리가 되었다. 바로, 이러한 여러 가치관의 융합이 기술혁신의 밑거름이 되었을 것이다.

군의 병기 개발과 반전(反戰), 프리섹스와 마약을 주장했던 히피는 기존의 실리콘밸리 문화와는 정반대였지만, 양립하지 않는 두 문화가 테크놀로지를 매개로 묘하게 융합하여 새로운 모습의 실리콘밸리가 탄생한 것이다.

비슷한 이야기는 다른 곳에서도 볼 수 있는데, 예를 들어 아마존과 마이크로소프트, 스타벅스 본사가 있는 시애틀은 서해안에서 손꼽히는 군항(軍港)이며 보잉기라는 거대 군수산업의 본거지이기도 하다. 로스앤젤레스와 아주 가까운 샌디에이고 또한 첨단기술의 집약지로 유명하다. 이곳은 시애틀과 맞먹는 거대한 군수 도시이면서 서핑과 마약으로 유명한 서해안 문화의 거점이기도 하다. 이는 **다른 가치관과 문화가 융합하여 기술혁신에 긍정적인 영향을 끼친 일화**라고 볼 수 있다.

LEARNING

히피
1960년대 후반부터 1970년대 전반에 나타난 반체제 성향 사람들의 총

칭으로 이들은 특히 전통적 가치관이나 규범을 싫어하고 자연 회귀적인 라이프스타일을 생활신조로 삼았다. 반전운동, 포크송, 마약 등 모든 문화와 밀접한 관계가 있다.

CULTURES OF CHAPTER

- 검색 결과에서 상위 정보가 제일 중요한 것은 아니다.
- IT 시대의 조직은 중앙집권 체제보다 수평적 분화 체제가 효율적이다.
- 개별 업무 속도보다 일정 시간 안에 처리할 수 있는 업무의 총량을 늘리겠다는 발상이 중요하다.
- 인공지능은 특정 직종을 가리지 않는 대신, 능력이 없는 사람을 대체할 것이다.
- 언뜻 보기에 서로 융합되지 않는 사상과 기술이 섞이면 생각지도 못한 엄청난 기술혁신이 발생한다.

"새로운 테크놀로지가 등장하면
결과보다는 과정이 중요하므로 일단, 한번 도전해본다.
그 과정에서 결과가 긍정적이라면 이후에도 그 방법을 활용하고,
반대로 훨씬 손해를 입었다면 방법을 수정한 다음 진행하면 된다."

제5장

사람을 얻고
돈을 버는
구조

PHILOSOPHY

철학

✔

SOCIOLOGY   ECONOMICS   MATHEMATICS   INFORMATION ENGINEERING   **PHILOSOPHY**   HISTORY

부자가 되려면 노력, 성격, 환경 중 어떤 것이 중요할까?

유물론과 관념론

'사람은 학습이나 경험으로 바뀔 수 있는가?'라든가 '선천적인 성격이나 가치관은 바꿀 수 있는가?'라는 두 명제는 시대가 바뀌어도 변함없는 철학적 논쟁의 대상이다. 평범한 지식과 학력이 있는 사람이라면 차이는 있어도 학습 행위를 통해 어느 정도 능력 향상을 기대할 수 있지만, 기본적인 성격이나 가치관은 그렇게 간단히 바뀌지 않는다. 살다 보면 아무리 설명해도 남들이 나를 이해하지 못한 경험이 누구나 한 번쯤 있을 것이다.

하지만 어느 날 갑자기 부자가 되면 사람이 변한다는 이야기처럼 주변 환경의 영향으로 아주 쉽게 성격을 바꾸는 것이 사람이다. 사회적·경제적으로 성공하려면 나를 이해하는 것도 중요하지만, 그 이상으로 상대방을 잘 알아야 한다. 즉 근본적으로 사람을 잘 이해하고 있는 것이 중요하다. **돈을 버는 일은 사람 간의 의사소통이므로 사람의 존재 자체를 묻는 철학적인 지식은 큰 도움이 된다.** 이번 장에서는 이러한 관점으로 철학이란 무엇인지 이야기해보도록 하자.

플라톤의 이데아론

철학 분야에서는 **유물론과 관념론**(또는 유심론)이라는 두 개의 큰 축이 있다. 이는 우리가 사는 이 세계가 정신과 물질 중 어떤 것으로 만들어졌는지에 관한 논쟁을 말한다.

관념론은 정신을 중요하게 여긴다. 예를 들어 직장에서 받는 인센티브를 어떻게 사용할 것인지 생각해보자. 실적을 올려서 만족감을 얻고 싶다는 사람, 업무를 통해 세상에 보탬이 되고 싶다고 생각하는 사람, 그것도 아니면 그저 높은 연봉을 받고 싶다고 생각하는 사람도 있을 것이다. 생각은 다양하지만 관념론에서는 모든 인간이 지닌 기본적 가치관을 중요하게 생각하기에 현재 환경은 정신에 큰 영향을 끼치지 않는다.

반면 유물론은 물질적 환경이 먼저 존재하고 여기에서 영향을 받아 정신이 만들어진다고 생각한다. 예를 들어 이론적으로 빈곤한 생활을 경험한 사람일수록 경제적으로 성공하고 싶다는 마음이 강하다고 보는 것이다. 이는 어려웠던 시절의 경험이 탐욕을 낳았다고 보기 때문이다. 요컨대 물질적 환경이 정신을 낳는다고 보았다.

먼저 관념론을 대표하는 이론으로 그리스의 철학자 **플라톤**(Platon, 기원전 427 무렵~347 무렵)의 **이데아론**을 살펴보자. 이데아는 궁극적인 존재를 가리키는 말로, 이데아론에서는 우리가 인식하는 현실을 이보다 훨씬 하위 존재라고 생각한다. 예를 들어 인간은 한 고양이를 보면 고양이라고 인식하며 다른 고양이를 보아도 고양이라고 인식한다. 따라서 눈앞에 있는 고양이가 현실에서 전부 사라져도 고양이라는 개념은 남는다. 플라톤은 현실에 존재하는 고양이의 상위 개념으로서 고양이가 있다고 보았다. 즉 물질보다도 정신이 상위라는 이야기로, 플라톤의 논리로 보면 상위 개념으로서의 고양이가 이데아다.

참고로 플라톤 외에 관념론을 제창한 철학자로는 **임마누엘 칸트**(Immanuel Kant, 1724~1804)가 있다. 한편 이 이데아론을 반대하는 이론도 있다. 이 이론에서는 고양이를 본 적도 없을 뿐더러 애초에 고양이라는 이데아를 떠올릴 수 없다. 그러므로 본 적도 없는 고양이의 존재 자체에 의문이 생긴다. 유물론에서는 모든 것이 물질에서 시작한다고 생각하므로 애초에 고양이라는 이데아는 존재하지 않는다. 이는 실제로 존재하는 고양이를 보고 나중에 사람이 고양이라는 개념을 만든 것에 불과하다는 이야기다.

성공의 비결은 비전일까? 환경일까?

앞서 철학적으로 고양이라는 동물을 예로 들었지만, 이 논의에서 중요한 것은 현실 사회를 어떤 가치관으로 보고 있는가 하는 것이다. 먼저 관념론에서는 정신이 먼저이므로 절대적인 가치관이 존재한다고 생각한다. 따라서 비즈니스 분야에서는 올바른 비즈니스라는 기본적 가치관이 존재하는 것이며 이를 모든 사람이 보편적으로 갖고 있다고 본다.

따라서 **관념론적 관점으로 올바른 가치관을 갖고 한 행동이라면, 상황이 바뀌어도 그 행동은 변함이 없어야 한다.** 사람은 나약해서 다양한 상황에 영향을 받아 흔들리기 쉬운 존재이지만, 관념론적으로 생각하면 기본적인 가치관을 근거로 판단하고 행동하는 존재가 또한 사람이다. 따라서 회사 리더가 관념론적 사람이라면, 직원의 비전과 기본적인 업무 자세 등 정신적인 부분을 집중적으로 지도하며 새로운 테크놀로지가 등장하거나 기술이 아무리 진보해도 사람의 기본적인 행동은 변하지 않는다고 생각한다.

반면 유물론적 사고방식을 가진 사람은 주변 환경 영향으로 비즈니스 가치관이나 업무 진행방식은 그때그때 바뀔 수 있다고 생각한다. 따라서 평소에 아무리 훌륭한 사람이라도 먹고사는 데 문제가 생기면 부도덕한 일을 저지를 수 있다고 본다. 성공한 사람이 부유해지면 하루아침에 마음이 변하는 것도 바로 이러한 이유에서다.

와신상담(臥薪嘗膽)이라는 고사성어가 있다. 이 말처럼 괴로운 상황을 잊지 않으려 노력하는 것은 그야말로 유물론적 사고에 입각한 행동이다. **이렇게 유물론은 새로운 기술이 등장하여 물리적인 환경이 바뀌면 그 영향으로 사람의 정신도 크게 바뀐다고 보았다.** 이것이 우리가 성공하려면 더더욱 좋은 환경에 있어야 하는 이유다.

회사 대표가 유물론적 사고관을 가진 사람이라면 직원들도 그 가치관으로 대할 것이다. 이들은 직원의 행동은 정신적인 부분이 아니라 주변 환경으로 결정된다고 믿는다. 그래서 훌륭한 비전이나 마음가짐에 대한 연설보다는 월급을 올리거나 무료 점심 등 복리 후생에 힘썼을 때 직원의 사기가 올라간다고 생각한다. 간혹 정반대로 월급을 내리거나, 언제 잘릴지 모르는 나쁜 환경을 만들면 오히려 잘리지 않으려 열심히 일한다고 생각하는 사람도 있다. 어쨌든 이 두 상황의 공통점은 환경을 어떻게 설정하느냐가 관건이라는 점이다.

성공한 사람일수록 마음가짐을 중요시하는 이유

이러한 철학적인 의론은 궁극적으로 어떤 가치에 무게를 둔 것인지를 이야기하는 것이므로 꽤 극단적이다. 그러나 실제로 사람은 이 두 가지 측면을 다 갖고 있으며 상황에 따라 적절하게 구분하고 알맞게 해석한다.

사회적으로나 경제적으로 성공한 사람들은 대개 상황에 따라 이 둘을 잘 구분하여 사용하며 **본인의 성공 비결을 관념론적으로 설명한다.** 어떻게 그 많은 돈을 벌었는지 자세한 방법을 이야기하기보다는 돈이나 업무에 관한 기본적인 생각이나 동기 부여 등, 가치관이나 마음가짐을 중요하게 생각한다. 특히 본인들의 성공비결은 부자가 되고자 하는 간절한 마음, 즉 이데아를 꿈꿨기 때문이라 이야기한다.

한편 다른 사람을 대할 때는 유물론적 가치관을 대입하는데, 특히 기업가일수록 이러한 경향이 있다. 직원의 월급, 승진 또는 좌천 등과 같은 주변 환경을 철저하게 관리하는 편이 좋은 성과를 올릴 수 있다고 생각한다. 즉 그들은 직원을 일종의 관리 대상으로 본다.

간혹 회사의 비전만 잘 전달하면 직원이 알아서 성장해서 좋은 성과를 올리리라 생각하는 경영자도 있지만, 대부분은 철저히 관리한다. 이 유형은 본인을 대할 때는 관념론적이지만 직원은 유물론적으로 보는 경향이 있다.

업무 결과도 같은 관점으로 생각한다. 관념론에서는 정신이 먼저고 이에 영향을 받아 사람의 행동이 결정되며 그 행동이 결과를 낳는다고 본다. 즉 세상의 모든 일에 의미가 있다고 생각하는 것이다. 성공한 사람 중에 본인의 성공을 당연하다고 생각하는 사람이 많은 이유는 바로 이 때문이다.

한편 유물론은 물질의 움직임에 따라 사람의 행동이 결정되는 것이므로 성공은 필연이 아닌 우연의 산물이라고 생각한다. 이러한 가치관의 대표가 불교 세계관이다. **성공한 사람 중에는 불교적 가치관으로 '순리대로 잘 되겠지'라고 말하는 경우가 있다.** 본인의 성공은 필연이지만 다른 것은 우연으로 보는 것은 일종의 모순이지만, 어쩌면 이렇게 생각하는 것이 성공의 비결일지 모른다.

LEARNING

칸트
독일의 철학자로 훗날 헤겔까지 이어지는 독일 관념론의 창시자다. 저

서로는 《순수이성비판(Kritik der reinen Vernunft)》이 유명하다. 그는
사람이 사물을 보고 인식하는 것이 아니라, 사람의 인식이 사물을 도출
한다고 주장했다. 이러한 발상의 전환을 '코페르니쿠스적 전환'이라고
부른다.

세계적으로 돈을 버는 '구조'는
지역 경제에서는 못 버는 '구조'

구조주의와 패러다임론

일본에서는 새로운 문화나 비즈니스 모델이 유입될 때마다 항상 '일본에서도 통할까?'라는 우려의 말이 꼭 나온다. 왜냐하면 일본 사회는 유럽과 다르다는 시각이 있어서 유럽에서 효과적인 비즈니스 모델이라도 쉽지 않을 거라 보는 사람이 많기 때문이다. 이와 반대로 유럽에서 잘 통했으니 당연히 성공한다며 낙관적으로 보는 사람도 있다.

소프트뱅크의 손정의 사장은 본인의 경영 방법을 '타임머신 경영'이라 불렀다. 미국은 일본보다 몇 년은 앞서 있으므로 그

곳에서 성공한 비즈니스 모델을 일본에 대입하면 어느 정도는 성공할 수 있다는 의미로 한 말이다. 시간차를 이용한다는 의미에서 타임머신이라는 이름을 붙인 것으로 보인다.

이 방법은 일본의 비즈니스와 투자 면에서 어느 정도 성과를 올리긴 했다. 왜냐하면 미국에서 성공한 투자 방법을 일본에 그대로 대입하여 실행한 것이기 때문이다. 예를 들어 최근 화제인 **공유 경제**(Sharing Economy)나 **핀테크**(fintech, IT와 금융의 융합)도 미국에서 성공한 방법을 일본에 그대로 적용하여 성공적인 성과를 기대하는 중이다.

그런데 일본은 독특한 관습과 문화 때문에 간혹 좋은 결과를 얻지 못할 때도 있다. 그 예로 일본 내에서 미국의 인터넷 서비스는 곧바로 실행되었지만, 미국 형태의 성과 보수형 인사나 국적·인종을 따지지 않고 채용하거나 승진하는 모습은 거의 찾아볼 수 없다. 이러한 현상의 원인이 무엇인지 생각하기 전에 앞서 이야기한 관념론과 유물론을 떠올려보자. 이 가치관들은 인간사회에는 보편적이고 근원적인 법칙이 존재한다는 생각이 밑바탕에 깔려 있다.

그런데 이러한 철학은 기본적으로 기독교권에서 발달한 것이라 보편성을 많이 의식하는 경향이 있어 가끔은 현실 상황을 제대로 파악하지 못하기도 한다. 바로 이것이 성과 보수형 인사를 받아들이지 못하는 근본적인 이유일지도 모른다.

절대적인 법칙성을 추구하는 것도 중요하지만, 그보다는 사회현상의 구조를 파악하고 관찰하는 것이 문제해결의 지름길일 수 있다. 이렇게 사회현상의 '구조'를 파악하는 사고방식을 구조주의 철학이라 부른다. 따라서 구조주의적으로 보면, 일본은 일본만의 독특한 구조가 있어 미국에서 건너온 새로운 비즈니스 모델을 적용하는 데 한계가 있는 것이다.

사회현상을 구조주의적 관점에서 보면

구조주의는 1960년대 프랑스에서 발달한 개념이다. 이 개념은 **페르디낭 드 소쉬르**(Ferdinand de Saussure, 1857~1913)의 언어학적 성과를 토대로 문화인류학자 **클로드 레비스트로스**(Claude Lévi-Strauss, 1908~2009)가 널리 사회에 보급했으며, 여기에 **롤랑 바르트**(Roland Barthes, 1915~1980)의 기호론 등이 추가된 것을 말한다.

레비스트로스는 저서인 《야생의 사고(La Pensée Sauvage)》에서 미개하고 야만적인 소수 민족에도 각 민족만의 독자적인 사회구조가 있다는 것을 철저하게 검증했다. 특히 그는 이 세상은 정신과 물질보다도 상호 관계성으로 만들어진다고 생각했다. 이를 앞서 설명한 고양이를 예시로 설명하면 고양이는 객관적인 존재가 아니고 개 또는 사람과 상대적으로 차이가 있는 어떤 것이 마침 '고양이'로 정의된 것이라고 보는 것이다. 즉 고양이 자체를 주목하는 것이 아니라 고양이와 그 밖의 다른 동물과의 관계성에 의미를 둔다. 이러한 접근 방식은 자연과학 분야에서 도 찾아볼 수 있다.

토머스 쿤(Thomas Samuel Kuhn, 1922~1996)은 《과학혁명의 구조 (The Structure of Scientific Revolution)》에서 특정 시대에 지배적인 견 해나 사고를 보는 시각이라는 의미로 **패러다임**(paradigm, 짜임새, 규범)이라는 개념을 제창했다. 이 개념도 사회현상을 파악한다 는 의미에서 구조주의적 사고방식이라 볼 수 있다.

참고로 레비스트로스는 민족이나 지역에 따라 구조는 다양 하지만 인간으로서 공통 항목이 있다고 보았다. 즉 다양하게 구 축된 구조 속에는 보편적인 법칙이 존재한다고 주장했다. 그 증 거로 레비스트로스는 2000년대 초반, 소해면상뇌증(흔히 광우병 이라 함)이 사회 문제로 대두되었을 무렵, 인류가 드디어 육식을 그만두고 채식주의자가 될 것이라고 주장했다.

왜냐하면 그는 문화인류학적으로 동물과 인간은 근친 관계 이며, 육식은 넓은 의미에서 카니발리즘(cannibalism, 식인주의)으 로 이어지는 행위라고 보았기 때문이다. 이런 의미에서 인간의 육식을 꺼리는 가치관은 결국 어떤 패러다임에서도 보편적으로 존재한다고 보았다.

참고로 구조주의를 토대로 발달한 포스트구조주의(post-structuralism) 분야에서는 인간의 지적 활동은 시대나 사회 특유의 구조에서 생성되므로 보편성을 추구하는 일은 어렵다고 이야기한다. 이쯤 되면 진리를 찾는 방법이 과연 있는 것인지 의심할 수 있지만, 그만큼 어렵다는 의미로 이해하면 좋을 것이다.

비즈니스 분야는 구조주의 철학을 좋아한다

앞서 구조주의 방법론을 대입하여 일본 사회의 구조를 어느 정도 파악했는데, 이러한 의미에서 비즈니스 현장에서 본질적 의미보다 구조주의적 방법론을 활용하여 상황을 먼저 확인하는 이유를 짐작할 수 있다.

패러다임이나 구조화라는 단어는 어려운 단어를 좋아하는 컨설턴트나 영업사원들 덕분에 한 번은 들어본 적이 있을 것이다. 단어 자체가 어려워 가까이하기에 어려운 철학 분야이지만, 구조주의는 생각보다 비즈니스 현장에서 많이 접할 수 있는 분야다. 따라서 일본 시장을 미국과 비교하기에 앞서 일본 시장을 구조화하여 분석해보면 일본 사회가 어떤 상황인지 어느 정도 파악할 수 있다. 그러면 성과 보수제는 '일본인이 문화적으로 받아들이지 못해 보급되지 않았다'는 것을 파악할 수 있다. 어떤 의미에서는 현재 상황을 알았다는 점에서 어느 정도 성과는 있는 셈이다.

그런데 구조주의적 분석만으로는 일본 사회가 왜 유독 성과보수제만 받아들이지 못했는지 명확한 이유를 알 수 없다. 게다가 타임머신 경영이 과연 효율적인 방법인지도 의문이 들어 문제해결로 가는 길과는 점점 멀어진다. 이럴 때는 보편적인 법칙을 토대로 검증해야 한다. 우선 구조주의적 방법론으로 상황을 파악한 다음 유물론, 관념론 등을 활용하여 본질적인 부분을 따지다 보면 결론에 도달할 수 있을 것이다.

LEARNING

패러다임

과학사(科學史) 전문가인 토머스 쿤이 제창한 개념. 원래는 과학 분야에서 일정 기간 모방할 만한 업적을 의미했으나, 비즈니스 분야에도 이 개념이 널리 퍼져 지적인 틀이라는 일반 용어로 바뀌었다.

자존감이 높은 사람과 낮은 사람 중 부자는 누구?

실존주의

구조주의는 1960년대에 발전한 개념으로 그 이전에는 **장 폴 사르트르**(Jean Paul Sartre, 1905~1980년)라는 철학자가 제창한 실존 주의 사상이 한 세대를 풍미했었다. 사르트르와 레비스트로스 의 논쟁에서 사르트르가 패배하자 구조주의가 유행하게 되었 지만, 그전에는 사르트르의 주장이 주류였다.

현대 철학 분야에서는 아무리 숭고한 이념을 만들어도 이를 소비해서 콘텐츠로 이용하는 사람이 없으면 아무 의미 없는 이 론으로 전락한다. 모순적이지만 이러한 수준 높은 지적 활동은 대중의 소비 활동으로 이어져야 비로소 성립된다.

한편 일본에서도 구조주의나 포스트구조주의 유행을 그대로 이어받아 1980년대에 뉴아카데미즘(new academism, 대학에 근원을 두면서도 예전의 아카데미즘에서 벗어나 그것에 반기를 들고자 꾀하는 새로운 타입의 아카데미즘)이 급부상했는데, 당시 **아사다 아키라** (1957~)의 《구조와 힘(構造と力)》이라는 책은 이례적인 베스트셀러였다.

많은 학생이 이 책을 읽었지만, 매우 난해한 내용이라 대부분 이해하기 힘들었을 것이다. 지금은 중년층이 된 그 당시 독자를 요즘 말로 하면 '자존감이 높은 사람'이라고 할 수 있을 것이다. 앞서 언급한 사르트르는 바로 이 자존감 높은 유형의 선구자 같은 존재였다.

말은 이렇게 했지만, 이러한 사람들의 말과 행동은 현대 사회에서 매우 중요한 역할을 하므로 대인 커뮤니케이션이라는 의미에서도, 그리고 시장의 움직임을 파악하기 위해서라도 잘 알아두는 것이 좋다.

사르트르는 '자존감이 높은 사람'

실존주의는 사물의 본질 이전에 실존이 있다고 생각한다. 실존이란 지금 현실에 내가 존재하는 것을 뜻하며, 이는 넓은 의미로 구체적인 행동을 말한다. 사르트르와 계약 결혼 관계였던 작가 **시몬 드 보부아르**(Simone de Beauvoir, 1908~1986)는 실존주의적 관점에서 여성을 다시 정의했는데, 특히 **'사람은 여자로 태어나는 것이 아니라, 여자로 만들어진다'**라고 표현했다. 즉 인간의 주체적인 의식과 행동이 모든 것을 결정하므로 원래부터 존재하는 가치관은 없다고 보았다.

또한 실존주의에서는 지성 있는 사람이 올바르게 결정하고 행동하는 일은 지극히 당연하며 이러한 올바른 결단이나 행동이 사물의 본질을 결정한다고 생각한다. 따라서 우리가 어떻게 행동하느냐에 따라 진실은 달라지므로 인간의 지성을 믿는 일을 제일 중요하게 여겼다. 이런 의미에서 사르트르는 '지식인이라면 적극적으로 사회 문제에 관여해야 하며 그 문제를 해결하기 위해 지혜를 짜내야 한다'(이를 앙가주망engagement(태도를 명확히 함으로써 자기를 규제하는 일)이라 한다)라며 스스로 시위에 앞장서기도 했다.

이는 달리 말하면, 인간의 본질보다는 문제를 해결하고자 하는 긍정적인 자세가 중요하며, 특히 인간의 지성을 믿고 문제에 적극적으로 개입해야 한다는 뜻이다. 사르트르의 실존주의는 인간의 정신이 모든 일을 결정한다는 의미에서 관념론으로 분류할 수 있지만, 정신은 인간의 행동 그 자체이며 이것이 결과를 가져온다고 보았다. 결국, 역사는 인간의 행동이 만든 산물이라는 이야기가 된다. 이는 인간이 주체적으로 올바른 정신을 만들 수 있다면 올바른 역사 또한 만들 수 있다는 의미다. 사르트르가 지식인의 주체적인 정치참여를 촉구한 것도 이러한 이유에서였다.

그런데 그의 이러한 사상은 이상주의적이고 비현실적이라며 비판받았다. 만약 모든 일이 인간의 의식이나 행동으로 결정된다면 자칫 생각지도 못한 결과가 나올 수도 있기 때문이다.

이에 레비스트로스는 구조주의 입장에서 사르트르를 비판했으며, 그가 사르트르와의 논쟁에서 이긴 이후 시대의 흐름은 구조주의로 흘러가게 되었다. 그러나 인간의 주체적인 의사를 중요시하는 가치관은 형태를 바꿔가며 지금도 이어지고 있다. 바로 이러한 특징을 모두 가지고 있는 유형이 앞서 언급한 '자존감이 높은 사람'이라 할 수 있다.

주력 상품이 잘 팔리지 않는 이유

실존주의적 사고와 구조주의적 사고가 대립하는 모습은 비즈니스 현장에서도 흔히 볼 수 있는 광경이다. 예를 들어 프로젝트가 막혀 있는 상황을 가정해보자. 이때 구조주의적 사고 회로를 가진 사람은 그 프로젝트의 진행 과정이 어떻게 되는지 메커니즘부터 살펴볼 것이다. 앞서 언급한 컨설턴트처럼 구조화나 패러다임 같은 용어에 신경 쓰는 것보다 문제해결의 실마리를 찾는다.

그러나 단순히 구조를 이해한다고 해서 반드시 문제를 해결할 수 있는 것도 아니다. 다양한 각도로 시장을 분석해도 상품이 팔리지 않는 명확한 이유를 끝내 발견하지 못하는 일도 있다. 그러다 경영자의 현명한 판단과 실행으로 상황이 갑자기 좋아지기도 한다.

영업 분야에서는 흔히 '내가 판매하는 상품의 장점은 나부터 믿어야 한다'라는 말이 있다. 말만 할 것이 아니라 본인이 직접 상품의 장점을 찾아보는 것이다. 이렇게 적극적인 방법으로 바꿔보면 막혀 있던 일도 술술 풀릴 것이다.

카리스마 경영자로 유명한 일본 전산의 나가모리 시게노부 사장은 M&A(기업 인수 합병) 분야에서 남들보다 월등한 능력을 자랑한다. 그가 공장을 매수할 때 가장 먼저 지시하는 것은 정리 정돈과 청소라고 한다. 청소와 공장의 이익은 아무 관련 없어 보이지만, 청소를 깨끗이 하면 신기하게도 성과가 올라가는 일이 많다는 것이다. 어떻게 보면 이 또한 일종의 실존주의 사고방식일 것이다.

마찬가지로 조직 내의 직책과 인재 관계도 비슷한 맥락으로 이해할 수 있다. 그 자리에 딱 맞는 인재를 찾기란 쉽지 않은 일이지만, 인재는 의외로 훨씬 가까운 곳에 있을 수 있다. 사람은 의외로 어떤 직책을 맡으면 그 자리에 어울리는 인물로 변신하므로 누구나 그 자리에 앉을 수 있다. 밝고 긍정적인 생각이 사람의 정신을 만든다는 개념 또한 실존주의적 사고방식 중 하나라고 생각해도 좋을 것이다.

그런데 사람의 주체적인 사고를 우선하다 보면 때로는 실패한다. 특히 근본적인 문제가 해결되지 않는 이상 주체적인 방법을 시도해도 상황이 크게 나아지지 않기도 하는데, 이는 조직내의 직책 문제도 마찬가지다. 애초에 능력이 없는 사람에게 중요한 임무를 맡겼으니 프로젝트도 실패한 것이다.

비록 능력은 고만고만해도 누구나 비즈니스를 쉽게 할 수 있는 '구조'를 만들어 사람의 개인적인 능력에 의존하지 않는 조직을 구축하는 편이 훨씬 낫다고 보는 시각도 있다. 실제로 좋은 실적을 올린 기업일수록 이러한 형태가 많으며, 이런 기업일수록 누가 언제 그만둬도 업무에 전혀 문제가 없다. 즉 비즈니스 모델이 하나의 '구조'로 정착되어 있고 이것이 잘 되어 있는 기업이 성공한다.

간혹 회사 내에서 본인이 맡은 업무가 걸려 이직이나 창업이 마음처럼 쉽지 않다고 말하는 사람이 있는데, 근무하는 곳이 대기업이라면 이는 말도 안 되는 이야기다. **기업 내에 비즈니스 모델이 구조화되어 있어 직원이 바뀌어도 큰 문제가 없기 때문이다.** 요컨대 잘나가는 대기업일수록 개인 능력에 의존하지 않는 경향이 강하다는 뜻이다.

LEARNING

뉴아카데미즘

1980년대 일본에서 발생한 사상적 신조류를 일컫는다. 아사다 아키라 외에 나카자와 신이치, 구리모토 신이치로 등 많은 작가가 등장했다. 당시 급속도로 발달한 대중 소비문화와 밀접한 관계가 있는 만큼 단순 유행으로 보는 견해도 있다.

부자는 왜 브랜드 제품을 자랑할까?

기호학

바르트 등을 중심으로 발전한 **기호학**(Semiotics)은 소쉬르의 언어학과 구조주의의 영향을 받은 이론이기도 하다. 기호학적 사고방식은 세상을 이해하는 데 도움이 되므로 알아두면 좋을 것이다.

'사람은 겉모습이 전부'라는 말은 철학 분야의 상식

고급 시계를 찬 사람을 부자라고 인식하는 경향 때문인지 주변에 있는 부자들은 대부분 고급 시계를 차고 있다. 이를 철학적인 말로 바꾸면 '고급 시계는 부자를 상징하는 기호'라고 표현할 수 있다. 이때 기호는 사물이나 언어, 음악 등에 담겨 있는 어떤 특정한 의미를 나타내는 매체를 말한다. 예를 들어 고급 시계는 그것을 차고 있는 사람이 부자인지 아닌지와는 직접 상관이 없으며 그보다는 사람들이 고급 시계 자체에 부자라는 의미를 부여한 것이다.

기호학 세계에서는 고급 시계 그 자체를 **'시니피앙**(signifiant, 기표)'이라고 하며 그 시계를 보고 떠올리는 부자라는 이미지를 **'시니피에**(signifié, 기의)'라고 부른다. 기호의 작용은 시니피앙과 시니피에 양쪽이 모두 갖춰졌을 때 비로소 성립된다.

시니피앙을 단어에 대입해볼 수도 있다. 예를 들어 한 영업 사원이 '택시 타고 집에 가겠습니다'라고 말하면 그 말을 듣고 '돈이 많은가봐?'라며 빈정거리는 사람도 있을 것이다. 왜냐하면 '택시'라는 단어가 부자라는 기호로 작용했기 때문이다. 따라서 택시에 탔다는 말 자체는 시니피앙이고 부자는 시니피에가 되는 것이다.

사실 사람 간의 의사소통은 이러한 기호론적인 것에 많은 지배를 받고 있다. 커뮤니케이션 능력이 좋은 사람은 기호가 가진 위력을 무의식적이든 의식적이든 완벽하게 활용하는 경우가 많다. 다시 말하면, 기호학의 메커니즘을 잘 활용하면 성공할 확률이 올라가는 것이다.

흔히 '사람은 겉모습이 전부'라는 이야기가 종종 토론 주제로 등장한다. 여기에는 겉모습으로만 판단하면 옳지 않다는 의견도 있고, 겉모습이 아닌 업무 능력으로 사람을 평가해야 한다는 의견 등 다양한 논점이 존재한다. **그런데 기호학적 관점에서는 겉모습으로 사람을 평가하는 것이 아주 당연한 이야기다.** 이는 바꿔 말하면 겉모습이 아닌 기호로 모든 것을 평가한다는 의미다.

비즈니스 업계의 복장 규정에 대한 쟁점 중에 크게 양복 vs 사복이라는 대립축이 있다. 자영업이나 IT업계 종사자는 기본적으로 사복을 선호하지만, 은행원이나 공무원 등 격식에 맞춰 입어야 하는 직종의 사람은 양복에 넥타이가 기본이라고 생각한다. 또한 면접 등에서도 복장을 잘 갖춰 입었는지가 평가 대상인 경우도 있다. 이러한 다양한 논쟁은 양복 또는 사복에 이미 기호학적 의미가 숨어 있다는 것을 알려주며, 이는 우리가 겉모습을 보고 사람을 판단하는 증거이기도 하다.

넥타이를 매는 습관도 같은 맥락으로 이해해볼 수 있다. 이에 관한 논쟁의 시초는 쿨비즈(Cool Biz, 시원하다Cool는 것과 사업과 업무Business를 합친 일본 조어로 여름철 넥타이를 매지 않거나 재킷을 벗는 등 간편한 옷차림으로 근무하는 것)라고 하는 일본 정부 추천의 독특한 제도였다. 이 말에는 격식에 얽매이지 않는 자유로운 이미지가 있지만, 관공서 등에서는 계절이 바뀌면 대부분은 어김없이 넥타이를 다시 맸다.

에너지 절약 측면에서 본인이 덥다면 계절에 상관없이 넥타이를 하지 않아도 괜찮다. 하지만 현실에는 이와 달리 애초에 넥타이를 반드시 해야 한다는 가치관이 숨어 있다. 즉 넥타이에는 강력한 의미의 기호가 붙어 있는 것이다.

상대방에게 맞추면 성공할 확률이 올라간다

이러한 기호학은 다양한 곳에도 스며들었다. 예를 들어 머리 모양이나 말투, 행동거지, 또는 맛집 선택 방법이나 서류를 쓰는 방법에 이르기까지 다양한 곳에 기호가 작용한다. 심지어 이 기호를 종합적으로 판단한 후, 안심하고 사귀어도 되는 사람인지 판단하기도 한다. 우수한 영업사원이 의도적으로 분위기를 띄우는 말투를 사용하는 것도 일종의 기호학적 사고가 작용한 것이다.

매사에 적극적이고 야무진 성격의 사람은 시원시원하게 본인 의사를 똑바로 전달할 줄 알지만, 우유부단한 사람은 상대방에게 결정을 강요하는 느낌이 들지 않게 최대한 말을 돌려 한다. 예를 들어 상대가 공무원이라면 작은 목소리로 하고, 건축이나 토목업에 종사하는 사람이라면 큰 목소리로 이야기하는 것이다. **이처럼 현실적으로 생각해 상대방에게 맞춰 행동하면 영업 성공률이 올라간다.** 이렇게 기호학을 활용해 상황을 분석함으로써 사람들의 언행이나 세상에서 일어나는 현상에 어떤 의미가 담겨 있는지 하나씩 배울 수 있다.

요즘 들어 작은 목소리로 이야기하거나 말끝을 흐리는 사람을 쉽게 볼 수 있다. 일본어는 주어 다음에 목적어가 오고 마지막에 술어가 오기 때문에 끝부분을 흐리면 본인 의견을 상대방에게 제대로 전달할 수 없다. 이런 의미에서 말끝을 흐리는 건 좋지 않다. 그런데 이러한 유형이 점점 늘어나는 이유는 어쩌면 사회적인 변화 때문일지도 모른다.

이때 기호학적으로 발상을 전환해보면, 이 말투의 의미를 유추할 수 있다. 예를 들어 사람들이 확실한 말투보다는 오히려 우유부단한 말투를 선호해서 이러한 유형이 증가하는 추세라고 하자. 그러면 말끝을 흐리는 말투는 '강압적이지 않은 사람'을 상징하는 기호로서 작용한 것이다. 이렇게 사람들이 딱딱한 말투를 싫어하는 이유를 분석하고 활용하면 비즈니스 기회를 잡을 수 있을 것이다.

일본 사회가 폐쇄적인 분위기로 바뀌는 추세여서 사람들이 무의식적으로 말끝을 흐리고 있다고 하면, 여기에는 자신의 의견을 남들 앞에서 주장하면 위험하다는 의미가 기호로 작용했을지 모른다. 이렇게 기호학적 의미를 알면 말끝을 흐리는 사람을 보고 답답하다며 화를 내지 않고, **그 사람 말투에 숨겨진 배경이나 상황을 분석할 수 있다. 그러면 상대방 행동에 숨겨진 의미를 훨씬 잘 이해할 수 있을 것이다.**

자수성가한 부자일수록 새로운 것을 좋아한다

실용주의

이제까지 설명한 철학은 진리를 찾는 데 필요한 사고방식이어서 추상적인 내용이 많았다. 이렇게 사물의 본질을 추상적으로 추구하는 분야를 **형이상학**이라 하고, 이와 반대로 현실적 감각이나 경험을 살려 이해하는 분야를 **형이하학**이라 한다.

유럽에서는 추상적이고 형이상학적인 분야를 '고상'하다고 보는 경향이 있어 현실적 문제를 해결하는 분야를 저급하게 보았다. 반면 자본주의가 고도로 발달한 미국에서는 형이하학적이고 실무적인 철학이 발달했는데 이를 **실용주의**(pragmatism)라고 한다.

실용주의를 널리 알렸던 **찰스 샌더스 퍼스**(Charles Sanders Peirce, 1839~1914)는 동료와 함께 '형이상학 클럽'이라는 그룹을 만들어 그곳에서 본인만의 사상을 구축해나갔다. 이 클럽의 이름은 형이상학을 추구하는 유럽 철학의 도도한 모습을 비꼬는 의미를 담은 것이었다.

실리 추구는 진리로 가는 지름길

실용주의는 본질을 탐구하기보다는 시행착오를 반복하면서 점점 진실에 다가가는 '방법론'을 중시한 사고방식이다. 퍼스는 '어떤 개념의 의미를 확실히 정의하려면 그 개념이 어떤 행동을 유발하는지 생각하면 된다'라고 주장했다.

실용주의를 종종 실리주의로 착각하기도 하지만, 이 둘은 본질이 다르다. 실용주의는 형이상학적 본질에 다가가기 위해서라도 현실 사회에서 직접 시행착오를 겪어보는 것이 좋다고 본다. 몇 번의 시행착오를 반복하다 보면, 한 번도 안 해보고 잘난 체하는 사람보다 훨씬 빨리 본질을 발견할 수 있다.

비즈니스 세계에서는 PLAN(계획), DO(실행), CHECK(평가), ACT(개선)라는 네 단계를 반복하면서 업무를 끊임없이 개선하는데, 이 개념을 PDCA라고 한다. 이 과정을 반복하다 보면 굳이 철학적인 주제를 생각하지 않아도 비즈니스 본질을 자연스레 깨달을 수 있다. 따라서 이 과정이야말로 실용주의적 사고방식이라고 할 수 있다.

미국은 그야말로 비즈니스의 나라다. 그래서 이곳에서 만들어진 실용주의 사고방식은 비즈니스와 환상의 짝꿍일 수밖에 없다. 따라서 실용주의적 사고방식을 잘 이용하면 경제적으로 성공할 확률이 올라간다는 말도 맞다. 비즈니스나 투자 분야에서 성공하는 사람들은 모두 변화에 적응을 잘하는 균형감각을 갖고 있다. 투자 분야에서는 한 가지 방법으로 장기간 투자하면 여러 변수에 대응할 수 없기 때문이다.

비즈니스 분야도 마찬가지다. 특히 비즈니스 상황은 어제오늘이 다르므로 웬만큼 사회에서 자리를 잡지 않은 이상 변화를 계속 좇는 일은 사실상 힘들다. 따라서 **상황이 바뀔 때마다 접근 방법을 바꿔야 안정적으로 비즈니스를 할 수 있으며 실적도 올릴 수 있다.** 반면 임기응변식으로 당장 눈앞의 상황을 해결하느라 바쁜 사람은 항상 실패한다. 그러기보다는 나만의 뚜렷한 방법을 꾸준히 찾아 실행하면 언젠가 경제적으로 성공할 수 있다.

비즈니스나 투자 분야에서 성공한 사람은 끈기와 노련함 사이에서 균형을 잘 유지하고 이를 활용할 줄 안다. 그들은 일관

성 있는 흔들리지 않는 자세를 유지할 때도 있는가 하면, 상황이 급변해도 잘 적응하는 절묘한 균형감각을 동시에 갖고 있다.

천성적으로 이를 자연스레 활용하는 사람도 있지만, 비즈니스나 투자 경험을 쌓아서 스스로 이 감각을 습득한 사람도 많다. 대부분 본인도 모르는 사이 실용주의적 사고방식을 이미 습득하여 잘 활용하는 중이다.

또한 실용주의는 시행착오를 겪는 과정이나 결과를 중요하게 생각한다. 간혹 비즈니스에 문제가 생겨서 이를 해결하느라 시행착오를 반복하는 사이, 자기도 모르게 해결책을 발견하는 바람에 본인이 어떻게 그것을 깨달았는지 알지 못하는 사람도 있다. 실용주의적 관점에서 보면 '일단 해결 방법을 찾았으니 잘된 거 아닌가?'라며 넘겨버리기 쉽다.

이는 답을 몰라서 적당히 둘러댄 말이 아니다. 실용주의자는 진실을 찾는 과정이 생각보다 쉽지 않다는 것을 아주 잘 알고 있기 때문이다. 그들은 지금 당장은 본질을 몰라도 훗날 같은 상황이 생겼을 때, 지금 이 경험이 사건의 본질을 이해하는 데 도움이 될 것을 알고 있다.

인생은 실험
한편 시행착오 과정에서 얻은 해결 방법에만 의지하는 사람은 성공 체험에 집착하기 쉬운데, 이러면 상황이 바뀌었을 때 잘 대응하지 못한다. 대표적으로 샤프(Sharp Corporation)는 예전 비즈니스 모델만 고집하여 기업 상황이 점점 안 좋아진 경우였다. 또한 임기응변에만 능한 사람은 시간이 지나도 그 경험을 자기 것으로 만들지 못한다. 이런 상황을 해결하려면 우선 현재 상황을 긍정적으로 받아들이고 실리적인 면은 살리는 등, 본질적인 문제를 해결하기 위해 꾸준히 노력하는 자세가 필요하다.

이러한 실용주의적 관점은 새로운 테크놀로지나 비즈니스 모델이 등장했을 때 활용할 수 있다. 최근 하루가 다르게 테크놀로지 성장 속도가 빨라지고 새로운 서비스가 등장하고 있다. 이 새로운 흐름을 선도하는 서비스가 바로 공유 경제로, 그중 숙박 중개 사이트인 에어비앤비(Airbnb)와 드론(무인기), 인공지능 등이 대표적이다. 사람들은 흔히 새로운 테크놀로지가 등장하면 처음에는 약간의 거부반응을 보이는 경향이 있지만 누구보다도 이 환경에 빨리 적응해야 비즈니스 기회를 잡을 수 있다.

한편 새로운 기술이 나올 때마다 도전하는 자세는 좋지만, 아무 생각 없이 실행하여 실패하는 기업도 많다는 사실을 잊지 말아야 한다. 이때 실용주의적 사고방식을 활용하면 이러한 위험을 피해갈 수 있다. 실용주의는 개량과 진보 그 자체보다도 시행하는 과정을 중요하게 생각하기 때문이다.

새로운 테크놀로지가 등장하면 결과보다는 과정이 중요하므로 일단, 한번 도전해본다. 그 과정에서 결과가 긍정적이라면 이후에도 그 방법을 활용하고, 반대로 훨씬 손해를 입었다면 방법을 수정한 다음 진행하면 된다. 이렇게 한 차례 과정을 돌다 보면 본인만의 방법을 발견할 수 있다. 처음부터 틀린 방법도 없고, 반드시 옳은 방법도 없다. 하지만 실패와 성공을 잘 다스릴 줄 아는 균형감각이 있으면 그 어떤 변화도 두렵지 않을 것이다.

실용주의의 시초인 미국의 사상가 **랠프 월도 에머슨**(Ralph Waldo Emerson, 1803~1882)은 **'모든 인생은 실험이다'**라고 말했다. 실험은 반복할수록 점점 진실에 다가갈 수 있다. 그런 의미에서 비록 실험은 실패했어도 방법이 잘못되었다는 사실을 깨달을 수 있기에 모든 것이 성과다. 이처럼 모든 인생을 실험이라 생각하면, 새로운 환경을 두려워하거나 신경 쓸 필요가 없다. 이는 비즈니스나 투자를 비롯한 다양한 분야에 활용해볼 만한 이론이다.

이것저것 고민하기 전에 일단 직접 행동으로 옮겨보고 스스로 깨닫는 것이 중요하다. 그러면 그 과정에서 얻은 모든 결과가 성과로 이어질 것이다.

공유 경제

인터넷으로 기존 상품이나 서비스를 사회 전체가 공유하는 경제 메커니즘을 말한다. 대표적으로 숙박 중개 사이트인 에어비앤비와 택시 중개 사이트인 우버(UBER) 등이 있다.

CULTURES OF CHAPTER

- 사람의 존재를 묻는 철학적 지식을 활용하면 돈을 벌 수 있다.
- 구조만 보는 편이 오히려 알기 쉬울 때도 있다.
- 확실한 시스템이 있는 조직일수록 사람이 바뀌어도 크게 상관없다.
- 부자는 겉모습이 전부다.
- 새로운 기술과 서비스는 일단 실행하는 것이 철학적으로 옳은 태도다.

"인문학은 이처럼 좋지 않은 상황에서
해결의 실마리를 발견하는 힘을 주는 존재다.
나는 시대나 분야에 상관없이 성공할 수 있는 기술을 익히는
가장 빠른 방법은 인문학을 배우는 일이라 확신한다."

제6장

부(富)의
흐름과 미래
통찰하기

HISTORY

역사학

SOCIOLOGY

ECONOMICS

MATHEMATICS

INFORMATION
ENGINEERING

PHILOSOPHY

HISTORY

로마를 알면 모든 것을 아는 것

스타워즈와 로마제국

자산가나 기업 경영자 중에는 역사에 조예가 깊은 사람이 많다. 왜냐하면 역사에서는 오늘날의 사람이나 조직과 비슷한 면을 발견할 수 있기 때문이다. 실제로 조금 들여다보면 예나 지금이나 사람의 생각은 비슷하다는 것을 알 수 있다. 따라서 평소에 역사를 잘 알고 있으면 나와 다른 사람의 행동을 훨씬 객관적으로 분석할 수 있다. 이런 의미에서 성공한 사람들이 역사에 밝은 것은 아주 당연하다.

스타워즈와 로마제국

2015년 12월, SF 영화 **〈스타워즈〉** 시리즈의 〈깨어난 포스(The Force Awakens)〉가 일반 공개되었다. 같은 시리즈를 제작했던 루카스 필름이 디즈니에 매수된 이후 나온 첫 작품이어서 세계 곳곳에서 대대적인 광고가 진행되었다. 그런데 CM이 너무 많이 나와 솔직히 질린 사람이 더 많았을 것이다.

스타워즈 시리즈는 악의 제국군과 정의의 편인 반란군의 전투를 다룬 영화로 언뜻 보기에 매우 단순한 이야기다. 스타워즈 무대인 은하 공화국은 이름 그대로 공화제국이다. 그런데 원로원 의장이었던 다스 시디어스가 음모를 꾸미며 황제로 취임하고 독재적인 제국을 건설하자 공화제 부활을 꿈꾸는 반란군이 여기에 맞서 싸운다는 이야기다.

역사에 관심이 많은 사람이라면 **로마제국**의 흥망성쇠가 모티프라는 것을 알아챌 것이다. 로마의 역사는 공화제부터 황정에 이르는 민주주의에 관한 중요한 서사가 모두 담겨 있어서 최고의 역사 교과서라고 불린다. 미국이 이러한 로마의 역사를 고려하여 나라를 세웠다는 점에서 스타워즈 또한 역사의 연장선인 셈이다.

따라서 로마의 역사는 스타워즈 이야기를 이해한다면 훨씬 이해가 쉽다. 조직의 번영과 리더의 올바른 자세와 공정함, 더 나아가 비즈니스의 근본적인 질문에 대한 해답을 찾을 수 있을 것이다.

시저는 영웅일까? 독재자일까?

잘 알려져 있듯 로마는 일찍이 공화제였다. 공화제란 군주제와 대비되는 말로 군주에 의한 독재가 아닌 체제를 말한다. 이런 의미에서 민주제는 당연히 공화제의 일종이라 볼 수 있다.

공화제 체제인 로마에서는 현재 국회에 해당하는 원로원(귀족원이라는 형태에 가깝다)이 있었고 이들이 지도자(집권관)가 될 후보를 고르면 시민이 선거로 리더를 뽑는 형태였다. 이때 놀라운 건 민의로 선정된 집정관은 반드시 두 명으로 독재가 불가능한 구조를 만들었다는 점이다.

공화제 체제의 로마는 독재를 가장 싫어했다. 현대 사회에서 군사정권과 같은 독재정권을 부정적으로 보는 이유도 민주주의가 발달하기 이전인 로마 시대부터 이어져온 전통이 있었기 때문으로 보인다. 로마는 독재를 싫어하고 의견의 다양성을 존중한 공화제를 추구했지만, 현실은 전혀 다르게 부정으로 물든 사회이기도 했다. 특히 기원전 3세기부터 2세기 동안 카르타고와의 포에니전쟁을 계기로 빈부격차가 더욱 심해졌으며, 이에 국내 정치는 극도로 불안정한 상황이 되었다.

이 혼란을 끝낸 사람이 바로 **율리우스 카이사르**(Gaius Julius Caesar), 즉 **시저**였다. 그는 군인으로서 뛰어난 성과를 올린 덕분에 국민의 열렬한 지지를 받는 인물이었다. 당시 로마는 독재 정치를 반기지 않았고, 이에 시저는 군대를 로마 시내로 보내 원로원파와 내전 충돌하였다. 참고로 다시는 돌이킬 수 없는 선택을 한다는 의미로 '루비콘강을 건너다'라는 말을 하는데, 이는 시저의 로마 진군에서 유래한 말이다.

당시 로마 법률상으로 군대가 로마 시내에 들어오는 것은 금지였다. 루비콘강은 로마 본토와 속주(属州)의 경계 지점에 있는 강이었는데, 이곳을 건너 로마로 들어오면 쿠데타 주동자로 처벌되든가 아니면 스스로 영웅이 되는 수밖에 없었다. 시저는 결국 내전에서 승리한 뒤 원로원에게 자신을 종신독재관으로 임명할 것을 요구했고 그의 요구는 받아들여졌다. 이로써 그는 평생 독재권을 얻어 사실상 황제가 된 것과 다름없었다. 스스로 황제라고 말하지 않았지만, 시저 이후 로마에는 독재적인 제정 형태가 구축되었다.

독재 정치가 안정된 국가를 만들었다는 모순

이때 중요한 것은 로마는 제정 정치 형태가 된 이후, 안정화되었고 엄청난 번영을 맞이했다는 것이다. 제정 로마 시대에는 세계화가 진행되었으며 카라칼라(Caracalla) 황제 시대에는 국적과 출신에 상관없이 모든 자유민에게 로마 시민권을 부여하였다. 당시 로마에는 다수의 속주 출신 원로원 의원과 황제가 출현하던 시기였다. 그런데 이 시민권은 로마제국에 살기만 하면 어떤 사람에게도 같은 권리를 보장한다는 의미였다.

아이러니하게도 이러한 로마제국의 번영과 인권 보호는 사실 황제에 의한 독재 정치의 결과였다. 카라칼라 황제 또한 본인의 정치적 적은 처참하게 숙청했다. 이는 민주주의자가 보기엔 매우 모순적인 상황이다.

시저가 했던 행동은 히틀러가 전권 위임법을 통과시키며 스스로 독재자라고 승인한 것과 근본적으로 크게 다르지 않다. 그런데 아이러니하게도 민주주의자의 이상적인 세계를 만든 인물이 바로 시저였다.

미국은 나라를 만들 때, 이러한 로마의 모순적인 모습을 가장 신경 썼다. 그 예시로 미국 대통령은 의외로 전쟁할 권한이 없는데, 이는 선전포고의 권리가 지금도 의회(로마로 치면 원로원)에 있다는 의미다. 대통령제는 이를 교묘히 피해 선전포고를 하지 않고 사실상 전쟁을 할 수 있는 여러 가지 방법을 찾고 있다. 즉 오늘날에도 이러한 형태로 행정과 입법 사이의 권력 투쟁이 아직도 이어지고 있는 셈이다.

미국은 이렇게 공화제 로마가 주장한 반독재주의를 유지하면서 제정 로마에서 실현한 번영과 자유로운 사회제도라는 두 마리 토끼를 잡으려 노력 중이다. 스타워즈는 이러한 공화제에 대한 희망과 현실을 훌륭하게 묘사했다. 영화 속에서 다스 베이더가 이끄는 제국군은 그야말로 악의 집단이지만, 이를 로마 역사에 대입하면 다스 베이더스가 곧 시저다.

시저는 영웅이자 유능한 정치가로 상당한 인격의 소유자로 유명하지만, 그저 독재자에 불과하다는 견해도 만만치 않다. 영화 시리즈 제1탄(에피소드 4)에서 반란군을 이끄는 사람은 유력한 원로원 의원의 딸인 레이아 공주로, 영화에서는 자존심 강한 성격으로 나와 호감형 인물은 아니다. 그런데도 부정의 상징인 원로원 의원의 딸이 민주주의를 지키는 인물로 설정되어 있다는 점이 아이러니하다. 영화는 민주주의를 지키는 일은 지극히 현실적인 싸움이고 반드시 행복한 결말이 아니라는 점을 이야기하고 있을지도 모른다. 요컨대 그 정도의 노력을 감수하고서라도 독재는 반드시 없어져야 한다는 뜻이다.

그래도 독재는 옳지 않다

앞서 언급한 이야기들은 조직이 번영하려면 어떤 형태의 리더가 필요한지 생각할 기회를 제공한다. 그런데 우리는 국가나 조직이 불안정해지면 쉽게 독재자를 찾는 경향이 있다. 간혹 제정 로마 시대처럼 독재자가 통치했어도 안정된 사회가 가능하기 때문이다. 그만큼 민의를 반영하는 시스템을 만드는 일은 쉽지 않으며 때로는 부패한 형태도 많다.

독재를 막고 민주적인 운영을 시행하려면 민주주의의 결점을 잘 알고 있는 사람이 적극적으로 운영에 참여해야 한다. 그 사람이 바로 민주주의의 핵심 인물이기 때문이다.

영국의 총리였던 윈스턴 처칠(Winston Churchill, 1874~1965)은 '민주주의는 최악의 제도이지만, 적어도 다른 제도보다는 낫다'고 이야기했다. 이와 비슷한 맥락으로 생각하면 쉽게 이해가 갈 것이다.

민주주의에 과도한 이상을 품는다거나, 민주주의의 부패한 모습을 보고 혐오감을 표출하는 사람일수록 쉽게 독재자의 지지자가 될 수 있다. 이런 상황을 대비하여 균형감각이 필요하며, 이는 인문학을 배우면 익힐 수 있다.

LEARNING

윈스턴 처칠
제1차 세계대전부터 제2차 세계대전이 끝난 후에도 활약한 영국의 유명한 정치가. 총리로서 제2차 세계대전을 지휘했으며 동서냉전을 언급한

'철의 장막' 연설로 유명한 문장가이기도 하다. 회고록《제2차 세계대전》
으로 노벨문학상을 받았다.

권력자에게 아첨한 자의 말로

오스만제국의 예니체리

역사를 들여다보면 다양한 왕조가 나타났다 사라지는 것을 볼 수 있다. 시대나 나라에 따라 지배 방법은 천차만별이지만, 공통적인 사항들을 발견할 수 있다. 황제나 국왕 등 절대적인 지배자를 호위하는 직속 군의 존재가 그중 하나다.

세계 모든 황제가 직속 군대를 갖는 이유

14세기부터 20세기 초반에 있었던 터키의 오스만제국은 16세기가 되자 오늘날의 중동부터 북아프리카, 유럽 일부까지 세력을 넓혀 거대한 제국으로 성장했다. 이 거대 제국의 황제였던 술탄은 예니체리(Janissary)라는 황제 직속 군대를 갖고 있던 것으로 유명하다.

이와 비슷한 시스템은 고금동서를 막론하고 여기저기에서 찾아볼 수 있다. 역대 중국 왕조에도 통상적인 군대와는 다른 황제 직속 군대인 금군(근위군)이라는 군대가 있었으며, 일본에서는 도쿠가와 막부 시기에 장군의 직속 무사로 하타모토와 고케닌이라는 신분이 있었고, 제2차 세계대전 종결 직전까지는 천황을 경호하는 근위 사단이 있었다.

오늘날에는 관광 목적으로 활용하는 런던 버킹엄 궁전의 근위병(붉은색 제복에 검은 모자)이나 바티칸의 스위스 근위병도 국왕이나 법왕 직속 군인이다. 좋은 예시는 아니지만, 나치 독일의 히틀러도 친위대(SS)라는 직속부대를 갖고 있었다. 그런데 역대 권력자들은 왜 직속 군대를 갖고 있었을까? **직접적인 이유는 오히려 아군을 더 못 믿었기 때문이다.**

오스만제국의 일반적인 군대는 터키인으로(시파히), 이는 에도시대의 번주와 마찬가지로 황제에게 영토 소유권을 인정받는 대신 군사력을 제공한다는 일종의 계약 관계로 성립된 군대였다. 경제적인 이권과 깊은 관계가 있어 황제는 그들을 완전히 신용할 수 없었다. 이러한 이유에서 예니체리는 일부러 이교도인 그리스도교 출신의 병사를 모집했고 이슬람교로 개종시킨 후 철저하게 순수 군대를 양성했다. 즉 어떤 집단과도 연결고리가 없고 절대적인 충성을 맹세할 부하를 원했던 것이다.

각국의 직속 군이나 근위군은 다소 차이는 있어도 이러한 특징을 갖고 있었다. 아군이야말로 가장 경계 대상이라고 보았기 때문이다. 쇼와시대(昭和時代, 1926~1989) 일본에서 1936년 2월, 육군 청년 장교가 반란을 일으킨 2·26 사건은 바로 이러한 사정을 잘 보여준다. 이 사건은 국가 개조를 노리고 육군 청년 장교가 일으킨 쿠데타 미수 사건으로, 당시 육군 내부에서는 심정적으로 반란 장교의 의견에 동의하는 사람이 많았다. 이에 당시 쇼와 천황인 히로히토는 어떻게 해야 할지 고민에 빠졌다.

한편 쿠데타를 일으킨 청년 장교들은 히로히토가 본인들을 지지해줄 것으로 굳게 믿고 있었기 때문에 상황은 더욱 복잡했다. 당시 통수권을 가진(즉 최고 지휘관) 천황의 명령 없이 군을 움직이는 것은 중죄이기 때문에 이유에 상관없이 용납되지 않는 행위였다. 결국 히로히토는 진압 명령을 내렸고 근위 사단이 그들을 진압하면서 사건은 일단락되었다.

이렇게 권력자에게는 두 종류의 적이 있다. **하나는 이해에 부합하지 않는 외부에 존재하는 나라이며, 나머지 하나는 아군 중 권력자의 지위를 위협하는 사람들이다.** 간혹 내부의 적이 외부의 적보다 훨씬 골치 아플 때도 있다. 이런 이유에서 많은 권력자는 본인에게만 충성을 맹세하는 군대를 갖고 싶어 했다.

도쿠가와 쓰나요시의 개혁을 도운 핵심 인물

오늘날에도 국가 이외 조직인 민간기업 등에서 유사한 형태를 찾아볼 수 있다. 미국 대통령은 국무장관, 국방장관 등의 각료와는 다른 대통령 직속으로 수많은 보좌관을 거느리고 있다. 각료와 대통령은 때때로 대립하므로 사실상 대통령의 진짜 아군은 보좌관들이다.

마찬가지로 민간기업도 사장 직할로 경영기획실이나 사장실을 설치해 실무에 큰 영향력을 행사한다. 주식회사는 이사 회의에서 회사의 일반적인 업무를 결정하는데, 이때 이사회의 구성원은 사장을 몰아내려는 사람과 반대파 등 사장의 적인 경우가 많다. 게다가 겉으로는 사장의 지시를 따르는 듯 보이는 직원이 사실 반대하는 세력일 가능성도 있으므로 그들의 말을 있는 그대로 받아들이는 것은 위험하며 믿을 수 있는 건 직속 직원들뿐이다.

한편 권력자의 직속 조직은 잘 활용하면 강한 지도력을 보여주는 무기가 될 수 있다. 이러한 직속 조직은 권력자의 의견이 절대적인 조직일수록 쉽게 찾아볼 수 있다.

조직 형태가 아니어도 사람이 비슷한 역할을 하는 예도 있다. 도쿠가와의 5대 장군인 쓰나요시는 살생 금지령이나 금화의 개주(改鑄, 요즘 말로 하면 인플레이션 정책)라는 대담한 정책을 실행했는데, 여기에는 야나기사와 요시야스라는 소바요닌(側用人, 대통령 보좌관과 같은 지위)의 영향이 컸다.

살생 금지령을 둘도 없는 악법이라고 보는 견해도 있지만, 전국시대의 살벌한 분위기를 바꾼 선한 정치라고 보기도 하는 등, 이 법에 대한 평가는 갈리는 편이다. 인플레이션 정책도 이와 마찬가지라고 생각하면 된다. 그래서 반대파 의견을 잠재울 만한 방패 역할을 할 사람이 필요하다고 보았는데, 그 인물이 야나기사와 요시야스였다.

권력자 최측근의 말로

이러한 권력자의 최측근이 되면 장단점이 있다. 오스만제국의 예니체리는 당시 황제의 뜻을 받들어 최강 군대로서 활약했지만, 갈수록 조직이 정치 이권화되고 민중들에게 폭력을 행사하는 등 원래 의미가 퇴색하기 시작했다. 이에 황제를 돕기는커녕 반대로 발목을 잡는 신세로 전락했다.

결국 예니체리는 폐지 절차를 밟았고 여기에 따르지 않은 병사는 토벌 대상이 되어 사라졌다. 오늘날로 보면 민간기업의 경영기획실에 근무하는 엘리트 사원이 회사 내에서 자신의 힘을 과시하다가 사장이 교체되자 좌천되는 경우다. 사장을 대신해서 권력을 휘두르다가 주변에 있는 실력자들의 원한을 산 것이다.

이 경우는 사장이 바뀌었기 때문에 좌천된 것이지만, 만약 마키아벨리즘 신봉자(마키아벨리 저서인《군주론(The Prince)》에 나온 권모술수를 실천하는 사람)가 사장이라면, 본인에게 쏠린 반감을 줄이려고 계획적으로 이러한 인물을 내세운 것일 수도 있다. 이는 계획대로 그 직원에게 죄를 뒤집어씌우고 본인만 살아남겠다는 욕심에서 비롯된 일일지 모른다.

이 상황과는 약간 다르지만, 중국 공산당의 마오쩌둥은 **문화대혁명**(1966~1976) 당시, 민중들의 불만을 홍위병을 이용해 부추기고, 정치적으로 대적하던 류사오치 국가주석을 죽음으로 내모는 데 성공했다. 그런데 마오쩌둥은 목적을 달성하자 더는 홍위병의 존재가 필요 없다 보고 자신의 신봉자였던 그들을 탄압하기 시작했다. 정치란 이처럼 항상 잔혹하다. 민중이 아무리 특정 지지자를 응원해봤자 결국 버려질 운명일지 모른다.

LEARNING

군주론
르네상스 시대의 정치사상가이자 외교관이었던 마키아벨리의 대표 저서

다. 현실주의적 관점으로 군주의 행동과 자세를 설명했다. 이후 이것이
변질되어 목적을 위해서라면 수단과 방법을 가리지 않는 사람을 마키아
벨리주의자라고 부르게 되었다.

차별 문제를 해결할 열쇠는 돈

미국의 인권 문제와 숨어 있는 종교사

동질적 사회로 알려진 일본도 오늘날에는 '차별' 문제로 다양한 의견이 난무하는 사회가 되었다. 차별에는 인종, 국적, 종교, 성별, 나이 등 다양한 차별 요인이 있지만, 사회가 다양화되고 서로 다른 가치관을 가진 사람들끼리 대립하면서 이 양상은 심해질 것으로 보인다. 평소에 우리가 의식하지는 않지만, 이러한 대립 배경에는 항상 돈이 얽혀 있다. 따라서 대립을 해결하는 방법도 역시나 돈이다.

오늘날의 미국은 예전 로마제국처럼 최강의 경제력과 군사력을 가진 패권 국가로 다양한 인종이 모인 글로벌 사회다. 서로 다른 가치관을 가진 사람들이 모여 발생한 문제는 대개 미국에서 먼저 시작하므로, 미국에서 문제가 발생하고 이후 일본에들어오는 구조라고 보면 된다. 이에 미국 사회의 동향을 미리알아두면 많은 도움이 된다. 이번에는 미국이 어떻게 인종 문제와 맞서고 있는지 이야기해보고자 한다.

아일랜드계와 이탈리아계의 슬픔

미국은 이민 국가인 만큼 다양한 인종으로 구성되어 있다. 미국에서 인종이라 하면 가장 먼저 백인과 흑인의 관계가 떠오르겠지만, 미국에는 이 대립축 말고 또 하나의 인종 문제가 있는데 바로 백인들 간의 인종과 종교의 차이다. 원래 인종과 종교는 거의 일치하기 마련이지만, 미국 사회의 백인층 내에서도 인종과 종교 관계가 명확히 나누어져 있다.

과거 미국의 주류였던 앵글로색슨 계열의 사람은 대개 프로테스탄트였지만, 가톨릭권에서 미국으로 건너온 사람들은 미국에서 살아도 가톨릭을 종교로 삼았다. 그중에서 이탈리아계와아일랜드계는 인구도 많아서 미국 사회 내에서 상당히 눈에 띄는 존재였다.

가톨릭과 프로테스탄트는 같은 기독교이지만 서로 사이가

그다지 좋지 않았다. 요즘에는 인종이 많이 융합되었지만 과거에는 정치나 경제계 요직 대부분을 앵글로 색슨계가 차지했었다. 이 때문에 이탈리아계나 아일랜드계 사람들은 좋은 자리를 얻지 못했고, 노동자로 일하든가 경찰관 등 현실적으로 사람들이 꺼리는 일을 하는 경우가 많았다. 지금도 경찰관은 아일랜드계나 이탈리아계 비율이 높은 편이다.

워싱턴 관료도 마찬가지로 아일랜드계 사람이나 이탈리아계 사람이 많다. 지금이야 다양한 업계에서 인종에 상관없이 열린 채용을 하는 편이지만, 과거에는 공무원 업계가 그나마 차별이 적고 능력 있는 사람을 채용하기 쉬운 편이어서 특정 인종이 몰렸다. 일명 마피아라고 불리는 조직적 범죄집단 또한 이탈리아 계열의 가난한 사람들을 그 뿌리로 보고 있다. 이렇게 과거에는 인종별로 경제 격차가 꽤 큰 편으로 마피아가 생긴 이유도 인종이나 종교와 깊은 관련이 있었다.

미국의 유명 배우 중 대통령 선거에 나온다는 소문이 있던 클린트 이스트우드가 2004년에 제작한 〈밀리언 달러 베이비(Million Dollar Baby)〉라는 영화는 미국 사람들에게 매우 감동적인 작품이다. 그의 원래 이미지와는 동떨어진 내용이었던 탓에 일본인 눈에는 미국인들이 이 영화를 보고 왜 감동했는지 속을 이해하기 어렵지만, 미국의 종교 배경을 알고 있으면 어느 정도 짐작할 수 있다.

이스트우드는 〈더티 해리(Dirty Harry)〉 시리즈로도 잘 알려진 전형적인 터프가이 계열 배우였다. 특히 대형 권총을 들고 범죄자를 가차 없이 죽이는 모습은 좋게 말하면 서부극에 나오는 정통파 미국인의 모습으로, 이 덕분에 대중들에게 그의 이미지는 전형적인 미국인이었다. 총기 규제를 강력하게 반대하는 전미총기협회(National Rifle Association) 회장으로 공화당계 배우인 찰턴 헤스턴 이미지와 비슷하다고 생각하는 사람들도 꽤 있을 것이다.

그런데 알고 보니 그는 소수 민족인 아일랜드계 피를 이은 사람이었다. 그래서인지 아일랜드계의 슬픔을 담은 작품을 계속해서 세상에 발표했다. 어쩌면 일부 미국인들은 그에게 뒤통수를 강하게 맞은 느낌을 받았을지 모른다.

인종 문제를 표면적으로 드러내 이야기하지는 않지만, 미국 사회에서는 아직도 이 문제가 중요한 화제 중 하나라는 점은 변함없는 것이다. 참고로 암살된 케네디 대통령은 아일랜드계로 가톨릭 신자였는데, 역대 미국 대통령 중 가톨릭 신자는 케네디뿐이었다. 지금도 그가 암살된 이유는 확실하지 않지만, 그 숨은 배경에는 아마도 미국 사회에서 지금도 금기 사항인 종교와 인종이라는 미묘한 문제가 얽혀 있을지 모른다.

시장 메커니즘으로 인한 노예제도의 붕괴

미국 역사는 소수 민족 계층이 과거 지배층이었던 프로테스탄트를 믿는 앵글로 색슨계 사람들의 특권을 하나하나 본인들의 것으로 만드는 과정이다. 사실 이러한 인종 융합의 원동력은 '돈'이었다. 미국에서 가장 큰 인종 문제인 흑인 차별 문제의 원인과 해결 방법 또한 시장의 힘이었다는 것이 바로 그 증거다.

흑인 노예를 해방한 사람은 링컨 대통령이라는 것은 유명한 사실이다. 하지만 아프리카계 미국인으로서는 처음으로 대통령이 된 버락 오바마도 민주당이고 미국 인권법(Civil Rights Act, 미국의 흑인 보호법)을 존슨 정권에서 만들었다는 점에서 오히려 인종 차별 문제는 민주당이 적극적이라는 이미지가 있다. 그런데 막상 역사를 깊게 들여다보면, 아니라는 것을 알 수 있다. 노예해방을 실현한 링컨 대통령은 공화당이었기 때문이다.

흑인을 노예로 활용한 것은 주로 미국 남부의 농장주들이었는데, 당시 남부에는 민주당원이 많았다고 한다. 역사적으로는 남북전쟁 종결 덕분에 갑자기 노예가 해방된 느낌이 있지만, 실제로는 남북전쟁이 시작될 단계에서 이미 노예제도는 붕괴 중이었다. 그 무렵, 미국은 공업이 급속도로 발달하기 시작하여 지역별로 많은 공장 노동자가 필요한 상황이었다. 예전에는 공장에서 도망친 노예가 그들의 힘으로 생활할 방법이 없었지만,

공업화 덕분에 마침내 정착할 곳이 생긴 것이다.

농장주로서는 비싼 돈을 주고 산 노예가 없어지면 막대한 손해를 입기 때문에 노예들에게 임금을 주고 그들의 행동을 자유롭게 풀어주는 것이 이득이라 생각했다. 이러한 농장주가 늘어감에 따라 실질적으로 노예제도는 이미 붕괴 중이었다. 즉 공업화로 시장경제가 발달한 덕분에 노예제도 자체가 더는 필요 없어진 것이다.

공화당은 예나 지금이나 자본가층을 유력한 지지기반으로 가진 정당이다. 따라서 자본가로서 흑인을 노예 형태로 농장에 묶어두면 오히려 손해였고 노예를 풀어주고 노동자로서 노동시장에 참가하게 하는 편이 훨씬 이득인 셈이다. 공화당 대통령이었던 링컨이 노예해방을 실현한 것은 어떤 의미에서는 아주 당연한 결과였다.

참고로 미국에서 남녀 차별이 해소된 배경에도 시장원리가 숨어 있다. 물론 여성해방운동의 영향도 있지만, 가장 큰 이유는 1980년대 레이건 대통령 정권 시 진행된 규제 완화 덕분이었다. 극심한 경쟁 상황에서 기업은 이제는 사람을 가릴 처지가 아니었다. 이에 어쩔 수 없이 여성을 채용하기 시작했다.

최근 미국에서는 인종을 둘러싼 새로운 움직임의 주역으로 히스패닉(Hispanic)이 떠오르고 있는데, 이들의 영향력이 시장을 움직이는 새로운 세력으로 자리 잡는 중이다. 특히 중남미에서 온 히스패닉계 이민자가 늘어나 주에 따라서는 히스패닉계가 다수를 차지하는 곳도 생겼다. 미국 영화나 드라마에서는 히스패닉계 배우가 캐스팅되는 일도 많아졌으며, 영어와 스페인어 등 2개 국어를 동시에 사용하는 웹사이트도 쉽게 찾아볼 수 있다. 이렇게 시장 메커니즘의 발달로 인종이 융합되는 추세가 이어지고 있다.

이러한 흐름을 타고 최초의 아프리카계 미국인 대통령이었던 오바마 대통령의 후임을 정하는 대통령 선거 당시, 공화당 지명 전쟁에 쿠바 이민 2세인 마르코 루비오(Marco Antonio Rubio)가 입후보했는데 그는 순수 히스패닉계로 가톨릭 신자였다고 한다(부모님의 영향으로 한 번 개종한 적이 있다고 한다). 이처럼 시장 메커니즘으로 시작된 인종 융합은 앞서 이야기한 로마제국의 발전을 떠올리게 한다.

HISTORY

화폐역사 관점으로 본 일본의 전쟁과 경제
영일동맹과 미일동맹

근대 이후 일본은 기본적으로 앵글로색슨(구체적으로는 영국과 미국)과의 관계 구도에 따라 국가의 방향성이 정해졌다. 이러한 흐름은 미국이 영국에게 패권 국가의 지위를 이어받은 지금도 기본적으로는 변함없는 상황이다. 앵글로색슨은 다른 나라와 관계를 맺을 때도 비즈니스가 기본이며, 이는 외교 정책에서도 마찬가지다.

한편 일본은 태평양전쟁에서 패배한 뒤 역사상 가장 큰 실패를 맞게 되는데, 당시 상황을 화폐사 관점으로 보면 쉽게 이해할 수 있다.

일본의 근대화는 글로벌 스탠더드가 핵심

일본은 자원이 부족하여 경제 대부분을 무역에 의존할 수밖에 없는 상황이다. 따라서 비즈니스와 투자의 미래는 일본과 미국의 관계에 달려 있다고 해도 과언이 아니다. 이에 두 나라의 이상적인 관계가 무엇인지 역사에서 힌트를 찾아보도록 하자.

일본은 메이지유신(明治維新, 1868년에 일본이 서구식 근대화를 목표로 추진한 개혁)을 계기로 어쨌든 근대화를 실현했지만, 근대 국가로서 완벽하게 자립할 상황은 아니었다. 그래서 당시 패권 국가였던 영국과 밀접한 관계를 맺으며 나라의 지위를 확립해 나갈 수밖에 없었다.

예를 들어 일본 내 운송 인프라의 근간인 철도는 영국에서 도입한 기술이었으며, 군함 등의 군사기술도 대부분 영국에서 온 것이었다. 또한 금본위제(Gold standard, 화폐의 가치를 금의 가치로 표시하는 제도) 등의 금융 인프라도 영국과 협력 관계를 유지하며 실현한 것이었다. 메이지 시대의 일본과 영국의 관계는 현재 미국과 일본의 관계보다 훨씬 가까웠을지 모른다.

일본과 영국의 관계는 러시아에 대한 견제를 계기로 더욱더 끈끈해졌고 1902년에 영일동맹(Anglo-Japanese Alliance)을 맺었다.

이는 러시아의 확장을 견제한 군사동맹이었다.

또한 제2차 세계대전 후에는 구소련의 팽창을 견제하여 미·일 안보조약(The U.S.A-Japan Security Treaty)이라는 군사동맹을 맺는데 이 틀은 지금도 유지하고 있다. 따라서 그 당시의 영일동맹을 오늘날의 미일동맹으로 바꿔 생각해도 크게 다르지 않다.

일본과 영국의 관계는 오늘날의 일본과 미국 관계와 비슷한데 정치나 안전보장만이 아니라 금융시장이나 산업 등 훨씬 광범위한 곳까지 밀접한 관계를 맺고 있었다. 일본 교과서에는 청일전쟁에서 승리한 일본이 청나라에서 얻은 배상금을 토대로 금본위제를 시작했다고 나와 있을 테지만 실상은 조금 다르다. 그보다는 영국이 작성한 세계 기준을 토대로 당시의 기축통화(key currency)였던 영국의 파운드를 금으로 간주한 파운드 중심의 금본위제라고 하는 것이 올바른 표현일 것이다. 일본이 청나라로부터 받은 금본위제 준비금은 금지금(gold bullion standard)이 아니라 사실은 파운드 지폐였기 때문이다.

원래 청나라는 배상금을 은으로 줄 생각이었지만, 그렇게 되면 은 시장이 혼란에 빠질 것이 뻔했다. 당시 영국 런던의 금융가는(현재 미국의 월 스트리트에 해당) 이 부분을 걱정했고 이에 청나라는 파운드화 채권을 런던 시장에 국채로 발행하여 일본이 파운드 지폐를 준비금으로 사용할 수 있게 한다는 계획을 세웠다. 이에 일본 정부는 현실적인 상황을 고려해 그 계획을 받아들였고, 청나라가 해외 투자가에게서 마련한 파운드 지폐를 영국 내 은행에 고스란히 예치했다.

당시의 파운드는 금과 태환(兌換, 교환) 가능하다는 보장이 있었기 때문에 일본 정부는 이를 금으로 보고 금본위제를 시작했다. 요즘으로 치면 미국 달러를 월가의 투자 은행에 예치하고, 일본은행이 그 달러 자산으로 일본 엔화를 발행하는 것과 비슷하다.

통화는 국가의 위신 정도에 따라 발행한다는 이미지가 있는데, 이러한 상황은 청일전쟁 이후 일본의 위치를 짐작하게 하는 부분이다. 당시 메이지 정부의 지도자는 글로벌 스탠더드(global standard)를 고려해 파운드로 받은 배상금을 영국 내 은행에 맡기는 편이 훨씬 이득이라고 본 것이다. 지금보다도 훨씬 합리주의적이고 현실주의적이다. 이렇게 돈독한 관계를 맺은 덕분에 러일전쟁에 필요한 막대한 전쟁 자금(당시 국가 예산의 약 7배)을 영국과 미국 투자 은행의 합작 덕분에 거의 전액을 마련한 것이다.

그런데 사실 영국과 미국이 일본에 협력한 이유는 러시아를 견제하기 위해서였다. 이들은 러시아 군대의 물자 조달을 막기 위해 민간 회사를 통해 방해 활동을 하는 등 다양한 방면으로 일본을 지원했다. **일개 아시아 국가에 불과했던 일본은 영국과 미국, 두 나라와 끈끈한 관계를 맺어 러시아와 맞설 수 있었다.**

태평양전쟁의 진짜 원인은 경제

이 무렵, 초국가였던 영국을 대신해 미국이 패권 국가로 자리 잡아가고 있었다. 미국은 영국과 마찬가지로 일본을 파트너로 생각했고, 러일전쟁 이후 만주 지역을 경영할 때도 미일 동맹을 통해 진행할 계획이었다. 이에 미국은 일본에게 남만주철도를 공동 경영하자고 제안했지만 일본 측은 이 제안을 거절했다.

일본으로서는 미국은 단순히 돈을 댄 것뿐이지 만주의 권익은 실질적으로 피를 흘린 일본인이 가져야 한다는 생각이 있었다. 이때 이 협정의 책임자인 고무라 주타로는 미국의 제안을 강력하게 거절했는데, 해외 사정에도 밝았던 정치가인 그가 왜 그러한 선택을 했는지는 아직도 알려지지 않았다. 단, 미국과 관계가 나빠진 이유를 여기에서 찾는 것은 조금 억지스러운 해석일지 모른다.

그러나 역사를 돌이켜보면, 이것이 두 나라의 방향성이 틀어지는 계기가 되었고, 이후 제2차 세계대전에 엄청난 영향을 끼쳤다는 것은 부정할 수 없다. 실제로 러일전쟁이 끝날 무렵 일본의 자신감은 최고조에 이르렀고, 이에 힘입어 앵글로색슨과 대립하게 되었으며, 그 결과 미·영과 일본의 관계는 나빠지고 태평양전쟁이 시작되었다.

이후 태평양전쟁이 끝날 무렵, 일본은 다시 앵글로색슨과 동맹 관계를 맺게 되는데, 이는 미국이 소련을 견제하기 위해 국제사회에 일본이 복귀하는 것을 용인함으로써 미·일 안보를 체결하겠다는 목적으로 진행된 것이다. 덕분에 일본은 70년간 안정적으로 성장했다. 요컨대 미·일 안보조약은 결과적으로 과거 영일동맹과 같은 역할을 한 셈이다. 이렇게 보면 **메이지 건국 이후 백 년 이상의 시간이 경과했지만, 아시아태평양 지역의 주변 정세는 기본적으로 큰 변화가 없다**는 것을 짐작할 수 있다.

한편 일본은 중국 대륙과 한반도의 권익을 두고 항상 러시아, 중국과 이해관계가 대립 중이다. 여기에는 영국 또는 미국이라는 패권 국가의 이해관계가 얽혀 있다는 점도 과거와 똑같은 상황이다. 과거 중국 대륙과 한반도에 대한 미·영의 이해관계와 일본의 이해관계를 같은 맥락으로 생각할 수 있으면 일본은 앞으로 외교 문제를 헤쳐나갈 수 있다. 또한 미·영과 깊은 관계를 맺을수록 세계적인 금융 시스템과 자연스럽게 제휴할 수 있어 경제적인 번영도 노려볼 수 있다.

반면 일본이 미·영과 협력 관계를 맺지 않으면 국가 운영이 어려워질 수 있다. 세계적인 금융 시스템에서도 쫓겨나 경제적으로도 위험해질 가능성이 있다. 예를 들어 태평양전쟁 당시, 일본 은행이 국채 형태로 전쟁 비용 전액을 직접 받은 탓에 나중에는 석유 수입도 중지되는 등 모든 일이 멈춰버렸던 것만 보아도 충분히 예상되는 시나리오다.

태평양전쟁 직후 일본은 미·영과 대립했을 뿐 아니라, 이 두 나라와 다시 협력노선으로 들어선 중국과도 대립하게 되고 결과적으로 주변국 모두에게 적이 되었다. 이런 의미에서 일본이 역사에서 배운 것이 있다면, 과거의 상황을 답습하는 일은 없어야 한다는 것이다.

현재 일본은 미국과 동맹 관계를 이어오고 있지만, 이 관계는 과거에 비해 느슨한 편이다. 그리고 일본은 중국과 한반도(한국)와의 관계도 점점 나쁜 상황으로 몰고 있지만, 미국은 중국과 서로 이해관계가 충돌하는 상황이면서도 교섭은 하는 사이라는 점을 주목해야 한다.

역사적으로 보면 미국과 중국은 우호국은 아니었지만, 사업을 하는 데 서로 긍정적이며 조건만 맞으면 타협할 여지가 충분히 있는 나라들이다. 일본인 중에는 미국이 당연히 일본 편이라고 생각하는 사람이 많지만, 이는 일본이 멋대로 상상한 이미지에 불과하다. 중일 관계만 신경 쓰느라 정작 중요한 중국과 미국의 관계가 어떠한 상황인지 놓쳐서는 안 될 일이다.

금본위제

금을 화폐 가치 기준으로 보는 제도. 금본위제에서는 보유하고 있는 금의 양에 상응하는 통화만 발행할 수 있다. 또한 통화 신용은 보증은 쉽지만 금융정책을 제한하므로 경기가 불안정해진다는 단점이 있어 오늘날에는 거의 활용하지 않는다.

HISTORY

중국은 왜 돈을 물 쓰듯 쓰는 것일까?

책봉체제

이처럼 역사적으로도 미국과 일본이 좋은 관계를 유지하는 것이 중요하다면, 인접 국가인 중국과는 어떤 관계를 맺으면 좋을까? 먼저 중국이 어떤 나라이고 무엇을 원하는지 알아야 한다.

중국 외교의 기본은 책봉체제

중국은 역사가 긴 만큼 시대별 상황도 천차만별이다. 한 나라의 역사를 한마디로 정리하는 건 쉬운 일이 아니지만, 시대를 관통하는 공통적인 현상이나 개념이 존재한다는 것을 알면 이해가 쉽다. 먼저, 중국 역사에는 '**책봉**(冊封)'이라는 독특한 외교 정책이 있다.

중화사상이라는 말로도 짐작할 수 있듯이 중국은 중국을 세계의 중심으로 보는 세계관을 갖고 있어서, 본인들에게 조공을 보내온 나라의 통치자에게 왕이라는 지위를 인정한다는 통치의 정당성을 부여하는 행위를 하곤 했다. 이러한 종주국과 조공국의 관계를 기본으로 한 외교 정책을 책봉이라고 한다.

중국의 책봉체제는 주변국을 모두 통일하고 그 나라를 전부 중국으로 흡수하겠다는 생각은 아닌 듯하다. 반면 제2차 세계대전 이전에 일본은 한반도를 지배하고 더 나아가 한국을 병합하고 일본에 흡수하려 했다. 하지만 중국은 어디까지나 종주국과 조공국이라는 관계를 유지했으며 조공만 하면 내정은 간섭하지 않겠다는 뜻을 보였다. 애초에 중국과 조공국은 다른 나라라고 확실하게 선을 그었다.

이 가치관이 형성된 배경에는 다양한 견해가 있지만, 앞서 언급한 중화사상에 영향을 받은 것은 틀림없다. 중국인은 자존심이 매우 강하다. 바로 이러한 생각이 중국이 세계의 중심이라는 가치관을 만든 것으로 보인다. 중화사상을 좀 더 자세히 들여다보면, 중국인이 아닌 존재가 중국인처럼 행동하는 일은 있을 수 없다는 뜻을 담고 있다. 따라서 주변국을 중국으로 만들 겠다는 발상은 아닌 것으로 보인다.

중국에서는 고대부터 이어진 중국의 중심 지역(황하 유역의 평원)을 중원(中原)이라고 불렀는데, 이 단어에는 외국과 구별되는 문명의 중심지라는 의미가 담겨 있다. 따라서 중원을 지배하는 사람은 중국인뿐이며 주변의 다른 나라는 어디까지나 중국에 조공하는 나라라고 생각한다(상당히 자기중심적으로 보이지만 이렇게 해석된다).

역대 중국왕조는 강대한 군사력을 가지고 있었지만, 주변국을 침략하고 영토를 확장하는 일은 거의 없었다(일본을 공격한 건 원군元軍뿐이었으며 당시 왕조였던 원나라는 중국 정권이 아니라 몽골 정권이었다).

당시 중국이 이러한 태도를 고수했던 이유는 사실 군사를 일으켜 주변국을 제압하는 일은 비용면에서 합리적이지 않다는 것도 있었지만, 남들보다 특별한 존재라고 생각하는 특유의 자존심 또한 큰 영향을 끼친 것으로 보인다. 그 증거로 중국은 주변국이 바친 공물의 답례품으로 두 배 또는 세 배나 비싼 물품을 보냈다. 이는 지위가 높은 사람일수록 아랫사람을 대할 때는 너그러워야 한다는 발상에서 비롯된 것이다.

지금의 중국은 공산당 정권이지만, 민주국가가 아니라는 점에서 본질은 군주제와 크게 다르지 않다. 마오쩌둥부터 시진핑까지 중국 공산당의 역대 지도자들은 종종 역사를 인용하곤 했는데, 이러한 역사적인 감각은 지금도 중국 지도자들 사이에서 대대로 이어지는 가치관이다. 따라서 중국의 외교 정책 밑바탕에는 책봉이라는 사고방식이 깔려 있다고 보는 것이 자연스러울 것이다.

실제로 중국 지도자가 외국 주요 인사들을 만나는 모습을 유심히 보면 그들이 과거 책봉과 비슷한 가치관을 드러내는 것을 볼 수 있다. 각국은 나라의 수장이 바뀌면 서로 방문하여 정상회담을 진행하지만, 중국은 상대국 수장이 먼저 방문하기를 바라는 경향이 있다. 이는 과거 중국 황제가 외국을 방문하는 일이 없었던 것과 일맥상통한다(윗사람이 아랫사람을 불러야 한다는 가치관이다).

중국 정상이 중난하이(중국 공산당이나 국무원 등의 중추가 있는 베이징 시내의 특별구역. 자금성의 서쪽 인근에 있다) 등에서 외국 주요 인사들과 회담할 당시에도 상대방이 등장해도 중국은 먼저 다가가지 않았다. 오히려 상대방이 앞에 왔을 때 처음으로 악수하는 모습을 보였다. 그나마 예외로 먼저 악수하는 경우는 미국 대통령 정도로 아주 일부밖에 없다.

나중에 시진핑이 중국에서 외국 주요 인사들과 만나는 장면을 방송으로 보게 되면 그의 움직임을 유심히 살펴보는 것도 좋을 것이다. 만약 오늘날에도 여전히 이 책봉이라는 가치관이 이어지고 있다면, 국제사회에서 중국의 모습은 과연 어떨까? 현재 진행 중인 아시아 인프라 투자 은행(Asian Infrastructure Investment Bank, AIIB)이야말로 이러한 중국의 가치관을 보여주는 대표적인 예다.

LEARNING

중난하이
자금성 서쪽 부근에 있으며 왕조시대에는 아주 넓은 연못을 중심으로 여러 개의 궁전이 늘어서 있었다. 혁명 후에 중국 공산당 본부가 들어선 것을 계기로 단순한 장소라는 의미를 벗어나 중국의 권력 그 자체를 가리키는 말이 되었다.

아시아 인프라 투자 은행의 의미는 조공국에게 주는 선물

아시아 인프라 투자 은행은 중국의 주도하에 설립된 아시아 지역의 개발금융기관이다. 처음에는 실제로 운영될지 의심하는 목소리가 있었지만, 영국을 시작으로 유럽 각국이 참가 의사를 표명함으로써 실현 가능성이 커졌다. 이로써 미국을 중심으로 설립된 아시아 개발 은행(Asian Development Bank, ADB)과

아시아 인프라 투자 은행은 서로 완벽하게 경쟁 구도가 된 셈이다.

미국은 제2차 세계대전 이후 압도적인 경제력을 바탕으로 주도적으로 국제적인 금융 시스템을 만들었는데, 특히 아시아 태평양지역에서 영향력을 과시하는 것이 아시아 개발 은행이다. 일본은 이 은행의 실질적인 운영을 맡고 있어서 아시아 인프라 투자 은행의 설립은 당연히 일본에도 위협적일 수밖에 없는 상황이다.

일본 내에서는 아시아 인프라 투자 은행에 대항하는 대책을 세워야 한다는 목소리가 날로 높아지고 있지만, 이럴 때일수록 중국의 과거 역사를 참고하여 감정을 조금 누그러뜨려야 할 것이다.

중국이 오늘날에도 책봉이라는 가치관을 가진 나라라고 생각해보면, 아시아 인프라 투자 은행은 일본이나 미국이 운영해 온 세계적인 국제기관이 아니라, 조공국에게 금전적인 선물을 하는 기관이라는 해석도 가능하다. 즉 아시아 각국이 중국에 융자를 신청하면 이를 중국이 너그럽게 승낙하는 구조를 상상하면 이해가 빠를 것이다.

따라서 이는 국제적인 신용 기준이 바탕인 투융자가 아니라, 돈과 크게 상관없는 투융자나 지역개발 프로젝트를 지원하는 형태로 시행될 가능성이 크다. 그러므로 이러한 전근대적 국책 금융기관을 비즈니스적으로 대응해봤자 좋을 게 없다. 적어도 국제적 기준으로 운영이 가능한 체제인지 아닌지 상황을 살펴보고 대응 방법을 결정해도 늦지 않을 것이다.

마찬가지로 태국과 인도 등 아시아 지역의 고속철도망 건설 지원 건에 대해서도 냉정하게 대응해야 한다. 아시아 인프라 투자 은행 문제를 비롯해 일본 내에서는 중국이 아니라 일본이 아시아의 고속철도망을 수주할 수 있도록 국가 기관이나 민간기업 등이 서로 협력해야 한다는 목소리도 있다. 이러한 프로젝트도 만약 중국이 비즈니스적으로 접근한 것이 아니라 책봉의 일환으로 접근한 것이라면, 비용적인 면은 크게 신경 쓰고 있지 않을 가능성이 크다.

일본은 이 문제를 철저하게 비즈니스적 관점으로 보기 때문에 적자를 내면서까지 수주할 수는 없는 상황이다. 만약 중국 측이 비용을 따지지 않고 진행한다면, 무리해서 굳이 같은 판에서 싸울 필요는 없다. 일본은 중국식으로 대응하기보다는 국제화를 추진하거나 금융시장을 정비하는 등, 앵글로색슨식 방법을 활용하여 아시아 지역에 영향력을 넓히는 편이 훨씬 이득이 크다. 그러면 중국의 영향력도 견제할 수 있을 것이다.

중화사상

스스로 문명의 중심이라 생각하는 중국 한민족의 기본 사고방식. 중국에는 중화사상이라는 단어가 존재하지 않으며, 주변 민족에 대한 우월성을 나타내는 화이(華夷)라는 말을 일반적으로 사용한다. 일본 막부의 화이사상은 여기에서 영향을 받았다.

- 때로는 독재 정치가 안정된 사회를 만들기도 한다.
- 특정 권력자를 열렬하게 지지하는 민중일수록 버려질 운명이다.
- 나라와 시대에 상관없이 차별 문제는 돈 문제와 얽혀 있다.
- 전쟁도 마지막에는 돈 이야기로 끝난다.
- 중국의 경제·외교가 '수직적'인 이유는 역사적으로 책봉체제가 원인이다.

마치며

가장 확실한 성공의 기반이 되는 '인문학'

　지금까지 사람의 사고방식에는 형이상학적인 것과 형이하학적이 있다는 것을 설명했다. 형이상학적 사고방식은 추상적인 부분으로, 예를 들어 비즈니스 분야라면 사업의 본질이 무엇인지 또는 투자의 의미는 무엇인지 등을 생각하는 것을 말한다. 이와 달리 형이하학적 사고방식은 어떤 종목에 투자하면 좋은지 또는 앞으로 유행할 상품이 어떤 것인지를 생각하는 것을 말한다.

　이 중 본문에서는 형이상학적인 부분을 다루고 있다. 나의 본업은 경제평론가로 과거에 창업했던 경험도 있고 투자가로서 투자 현장과 실무가 얼마나 소중한지 누구보다도 잘 알고 있지만, 그럼에도 이 책에서 추상적인 생각을 강조한 이유는 단 하나다. 비즈니스 분야에서 성공하려면 형이상학적 지식이 있는 편이 좋기 때문이다.

형이상학적 지식은 새로운 비즈니스에 도전할 때 비로소 그 진가가 발휘된다. 본문에서도 언급했지만, 최근에는 숙박업이나 차량 공유 사업 등 소위 공유 경제라는 비즈니스가 급성장 중이다. 앞으로도 새로운 기술이나 개념을 활용한 비즈니스는 계속해서 끊이지 않고 등장할 것이다. 이렇게 매일매일 새로운 것이 등장할 때마다 우리는 어떻게 행동하면 좋을까? 이에 대한 해답은 한마디로 정의하기 어려울 것이다. 새로운 기술과 서비스가 항상 멋지고 좋은 것은 아니기 때문이다.

이때 중요한 건 새로운 것에 도전하느냐, 포기하느냐를 판단하는 기준이다. 그런데 형이하학적 판단력만 있는 사람은 기존에 없던 규칙이라는 이유를 들며 법률 규정을 그대로 따르는 등, 관공서에서 설명해준 형이하학적 이유를 무조건 믿고 옳고 그름을 판단하려는 경향이 있다. 그러나 세상에 하나밖에 없는 새로운 기술과 서비스를 기존의 상업 관행이나 법체계를 기준 잣대로 판단하기에는 역부족일 것이다. 새로 개발한 기술이나 서비스가 반사회적일 가능성도 있기 때문이다.

따라서 기회를 잡아야 할지 말지 판단하려면 형이상학적 사고가 꼭 필요하다. 비즈니스의 본질을 잘 알고 있으면 지금 법체계로는 애매한 것 같아도 훗날 이 사업이 성공하면 나중에 여기에 맞는 새로운 법이 만들어질 수 있다며 긍정적으로 일을 추진하거나, 처음부터 진행하기에 어려운 사업이라며 단념하는 등 결정적인 판단에 도움이 된다.

특히 형이상학적 지식이 있으면 상황을 객관적으로 보고 판단을 내릴 수 있다. 내가 아는 어떤 이벤트 회사의 사장은 회사를 창업하며 '나는 흔히 말하는 독재적 사장이 되지 않겠다'고 했다. 이는 항상 사원을 먼저 생각하고 사장이랍시고 사장실에서 근엄한 척 앉아 있지 않겠다는 뜻이었다. 그는 이러한 회사 분위기를 만들면 장기적으로 회사 수익도 늘고 성장할 수 있다고 생각했다.

3년 후 그 사장을 다시 만날 기회가 있었는데, 뜻밖에 그는 완벽한 독재자가 되어 있었다. 게다가 '직원은 모두 멍청하다', '일은 제대로 하지 않으면서 게으르다. 소리를 질러야 일하는 척한다'라며 불평했다. 그로부터 2년 뒤 이 회사는 결국 사라졌다. 회사를 운영하는 방법은 사장 마음이므로 독재도 그중 하나일 것이다. 하지만 문제는 사장 본인이 처음 마음먹었던 경영방

침과 점점 멀어졌다는 사실을 깨닫지 못했다는 데 있었다.

　이를 철학적으로 분석하면 이 사장은 처음에는 관념론자였지만, 3년 후에는 유물론자가 된 것이다. 그런데 본인은 그 사실을 깨닫지 못했다. 바로 이 부분이 경영자로서 치명적인 실수였다. 이렇게 경영자나 투자가가 본인의 변화를 깨닫지 못하면 실패를 맛보게 된다.

　만약 이 사장에게 사물의 본질을 생각하는 능력이 있었다면, 본인의 변화를 객관적으로 바라볼 수 있었을 것이다. 그랬다면 상황이 안 좋아지기 전에 사태를 수습할 수 있었을지도 모른다.

　인문학은 이처럼 좋지 않은 상황에서 해결의 실마리를 발견하는 힘을 주는 존재다. 나는 시대나 분야에 상관없이 성공할 수 있는 기술을 익히는 가장 빠른 방법은 인문학을 배우는 일이라 확신한다. 여러분도 꼭 진정한 의미의 인문학을 배우고 원하는 바를 이루기를 바란다.

　이 책은 아사히신문 출판의 사토 세이이치 씨의 도움으로 출판할 수 있었다. 그분의 날카로운 통찰력과 생각은 항상 나를 일깨워준다. 이 자리를 빌려 감사의 말을 전하고 싶다.

가야 게이치

부자의 인문학

초판 1쇄 발행   2022년 12월 15일

지 은 이   가야 게이치
옮 긴 이   한세희
펴 낸 이   한승수
펴 낸 곳   문예춘추사

편   집   이상실
디 자 인   박소윤
마 케 팅   박건원, 김지윤

등록번호   제300-1994-16
등록일자   1994년 1월 24일
주   소   서울특별시 마포구 동교로 27길 53, 309호
전   화   02 338 0084
팩   스   02 338 0087
메   일   moonchusa@naver.com

I S B N   978-89-7604-566-9 03190